KB273917

쉬운 정치, 김남준

쉬운 정치, 김남준

쉬운 정치, 김남준

이재명의 어깨에서 보고 배운 모든 것

김남준 지음

마북

프롤로그

"우리가 어쩌다 여기까지 왔을까?"
진영 안팎의 공세를 견뎌야 했던 과거 그 어느 날,
그는-연기 자욱한-골방에서 자조 섞인 말을 내뱉었다.

"운명입니다. 견뎌내야 할."
잔뜩 물 머금은 그의 묵직한 말을
나는 테니스공 네트 넘기듯 받아쳤다.
그가 옅은 미소를 지었는지는 기억나지 않는다.
그러나 말없이 고개를 끄덕이던 잔상은 선명하다.

작든 크든 변화는 어렵다.
세상을 바꿔보려는 자에게
질곡의 세월은 숙명이다.
그의 시대정신에 이끌려 운명을 건 나에게도
고난 동행은 예견된 일이었다.
그러나 이토록 험할 줄은 몰랐다.

그의 표현대로
"적진에서 날아온 화살"을 온몸으로 맞아내며
"등 뒤에 내리꽂히는 비수"까지 감당해야 했다.
피아, 좌우, 진보보수 따위의 간편한 분류로는 해석 불가능했다.
사방에서 공격을 했다. 잔인하게 짓밟았다.
나중에는 명분을 내거는 수고조차 하지 않았다.
그저 '이재명'이라 안 된다는 것 외에는 설명이 불가했다.

그는 그 역경을 뚫어냈다.
척박한 이 시대에 기어코 희망을 열어냈다.
도전은 현재진행형이다. 중단해서는 안 된다.
반드시 이재명 정부를 성공시켜야 한다.
좋지 않은 삶의 여건 속에서도
성공할 수 있다는 것을 입증하고,
세상에서 스러져가는 꿈의 불씨를 살려야 한다.

나는 운이 좋다.
역사의 중요한 고비마다
그와 함께 세상을 바라보았다.
아무에게나 있는 기회가 아니다.
그러니 그 행운의 '값'을 지불하는 것은 응당 해야 할 일이다.
또한 그 '값'은 이재명 정부를 성공시키는 데 쓰여야 한다.

       프롤로그

희망이 남아 있는 사회를 만드는 일이야말로
제 '값'을 톡톡히 하는 것이리라.

세 가지 측면에서
'값'을 치르기로 마음먹고 이 책을 썼다.
하나는 '기록'이다.
거인의 어깨에서 본 시선을 기록하고 공유하는 일은
시대 진보의 동력이 되리라 믿는다.

다른 하나는 '실천'이다.
나는 봤다. 그리고 안다.
그가 얼마나 철저하고 처절하게 공익을 수호했는지.
보고 배웠으면 써먹어야 할 것 아닌가.
이 책은 내 스스로에게 하는 실천의 다짐과도 같다.

마지막은 '헌신'이다.
언제나 그러했듯 진보의 성공을 방해하는 세력은
끊임없이 이 진영의 분열을 획책한다.
이재명은 분열의 위기마다
자신을 제물로 내어놓는 '헌신'을 선택했다.
그리고 극복했다.
그러니 내가 '헌신의 정치'를 꿈꾸는 것은 자연스러운 일이다.

 쉬운 정치, 김남준

아등바등 하루하루를 건디다 보니
어느덧 떠나온 길이 멀다.
모든 이의 인생이 그럴 테지만
치열하게 산 결과는
대통령과 찍은 기념사진조차 얼마 없는 건조한 삶이다.
책에 더 많은 사진을 싣지 못한 것이 못내 아쉽다.
그저 독자 여러분의 너른 양해를 구할 뿐.

2026년 2월
김남준

차례

1부 • 이재명의 어깨에서 세상을 보다

1부

이재명의 어깨에서 세상을 보다

1부

이재명의 어깨에서 세상을 보다

01. 판교 환풍구 사고
— 첫 호흡, 동지가 되다

\#

16명이 사망했다.
2014년 10월 17일 그날,
성남시 대변인으로 한 달 남짓 되었던 때,
성남을 넘어 온 나라의 트라우마를 건드린 사고가 발생했다.
축제의 현장은 순식간에 잿빛으로 돌변했다.
공연은 중단되었고, 사람들은 웅성댔으며,
관계자들은 창백해졌다.

"가보셔야겠습니다."
나는 시장과 함께 광장 한쪽의 무너진 환풍구로 향했다.
그 작은 공간 아래,
깜깜한 구멍 속으로
사람들이 한꺼번에 떨어져 내렸다는 사실을
받아들이기 어려웠다.
건물 도면을 구해 들고 추적했다.

지하주차장 쪽에서 마침내 연결된 문을 찾아 열었을 때
얼어붙었다.
그곳에는 사람들의 몸이 겹겹이 쌓여 있었다.
그날 본 풍경을 나는 아직도
자세히 설명하거나 묘사하지 못한다.

\#

대변인으로 그와 처음 호흡을 맞추었다.
그의 일하는 방식은 나와 그리 다르지 않았다.
우리는 72시간 동안 잠을 거의 자지 않았다.
끊임없이 유가족을 만났고, 실무자를 안심시켰으며,
언론과 상시 소통하면서도
사건의 실체 파악과 수습 방안 마련에 집중했다.

이재명은 현장에서 탁월한 조정 능력을 발휘했다.
행사 주관 측에는 "책임을 회피하지 말고 끝까지 수습하는 것이
더 나은 방법"이라고 설득했다.
그해 봄이 바로 '세월호 사고'가 있던 때다.
정부와 사고 책임자 측의 끊임없는 변명과 책임 회피에
국민들은 분노했다.
그러던 중 가을로 계절이 바뀌고 또다시 안전사고가 발생했으니

국민적 주목도가 오죽 높았겠는가.
'이때 책임감 있게 수습한다면
어려운 상황이 오히려 더 큰 신뢰로 이어질 수 있다'는 점을
이재명은 행사 주관 측에 힘주어 강조했다.

또 이재명은 피해자 가족들의 편에서
위로하고 또 위로했다.
동시에 그들의 변호인을 자청했다.
"이럴수록 현실에 집중해야 합니다.
합당한 보상을 받는 것이 남은 자가 해야 할 몫 아니겠습니까.
현실에 집중하지 못하다 시간만 흘러서
합당한 보상도 마땅한 추모도 못 하면
무슨 면목이 있겠습니까."

나는 그 장면들을 보며
그가 단지 말만 하는 정치인이 아니라
위기관리의 실력을 갖춘 사람이라는 것을 확인했다.

사고수습대책본부는
72시간 만에 유가족과 함께 합의문을 발표했다.
세월호 이후 국가적 재난 대응에 대한 불신이 극에 달했을 때
'신속한 사고수습 합의'는 기적 같은 희망의 불씨였다.

이재명은 훗날 판교 환풍구 사고 부상자 가족협의회로부터
감사패를 받기도 했다.

#

판교 환풍구 사고는 나와 이재명이 팀워크를 맞춘 첫 장면이다.
(고리타분한 표현이라 잘 안 쓰려고 하지만
이 말이 제일 적확한 설명이기에 굳이 말하자면)
서로를 '동지'로 인식하게 된 것이다.
그는 내 판단을 믿어주었고
나는 그의 결단을 밀어주었다.

우리는 그 이후로 수많은 난관을 함께 헤쳐 나갔다.
광화문 단식, 박근혜 탄핵,
사법의 탈을 쓴 각종 음해와 모략,
체포동의안과 죽음의 단식, 암살테러, 비상계엄 사태,
그리고 대선까지.

판교 환풍구 사고는
그 모든 여정의 시작점이었다.

　　　　　　　쉬운 정치, 김남준

02. 젊은 기자와 인권변호사의 만남
— '이변'을 지켜보다

\#

사실 그를 처음 만난 것은 더 이전으로 거슬러 올라간다.
내가 처음 만난 이재명은 '정치인'보다
성남의 '인권변호사', '시민운동가'로 부르는 것이 맞았다.
갓 기자생활을 시작한 젊은 방송기자였던 내게
그는 특별한 인연이 아니었다.
그저 취재를 위해 인터뷰를 요청한,
많고 많은 사람들 중 한 명이었다.

그의 첫인상은 지금과 사뭇 달랐다.
빠른 말, 높은 톤, 정제되지 않은 표현들.
마치 시민운동 현장에서 바로 튀어나온 듯한
날것의 감각.
그런데 이상하게도
그 말들 속에 자꾸 귀를 기울이게 하는 힘이 있었다.

방송뉴스를 위해 인터뷰를 하던 도중 몇 번을 끊었다.
"속도 조금만 늦춰주시고요,
목소리 톤도 조금 낮춰서 해보시죠."
그는 멋쩍게 웃더니, 또 곧잘 조절하고 소화해냈다.
그때였던 것 같다.
'이 사람은 배우는 속도가 정말 빠르구나.'

#

내가 그를 다시 본 건 2006년 지방선거였다.
성남시장 후보로 출마한 이재명 변호사는
당연히 떨어질 후보였다.
조직도 약했고, 인지도도 낮았다.
그런데 나는 그가 선거운동 현장에서 보여주는 모습을 보며
형용하기 어려운 확신을 갖기 시작했다.
'언젠가는 시민들이 주목할 순간이 오겠구나.'
그는 늘 최선을 다했고, 진심을 다했다.
남들 앞에서나 뒤에서나 말과 행동이 똑같았다.
유권자를 만날 때나 선거캠프의 스태프를 만날 때나
항상 같은 캐릭터였다.
내가 취재하던 기존 정치인들과는 달랐다.
그의 말은 거칠었지만 그의 태도는 진심이었다.

　　　　쉬운 정치, 김남준

\#

2006년 성남시장 선거 낙선.

2008년 국회의원 선거 낙선.

그는 분명 지고 있었지만

나는 이상하게도 그가 점점 단단해지고 있는 것을 봤다.

그는 실패를 부끄러워하지 않았다.

세포 섬유의 상처들로 비로소 더 강해지는 근육처럼

그는 점차 성장해갔다.

그리고 그쯤 되니 인터뷰할 때 목소리 톤을 낮추라거나

말을 천천히 하라는 주문은 하지 않아도 되었다.

\#

2010년 지방선거에서

나는 그의 선거운동 일거수일투족을 전담 취재하는

이른바 '이재명 마크맨' 기자였다.

그는 특이하게도 선거공약집을 책자로 발행했다.

대개 법정기준에 맞춰

브로슈어 정도로 하고 마는 것이 일반적인데,

그는 성남시 3개구와 31개 각 동별 공약까지

하나하나 공개했다.

성남시장과 기자로 마주했던 시절.
그와 이렇게 길고도 깊은 인연을 맺게 될 줄
그때는 꿈에도 몰랐다.

'아니, 이걸 무슨 수로 다 하려고 이렇게까지 하나.
당선 가능성이 적으니 부담 없다고 무리수를 두는 건가?'

그런 그가 성남시장에 당선되었다. 그야말로 '이변'이었다.
무엇보다 빼도 박도 못하고
그 공약을 다 이행해야 하는 처지(?)에 놓였다.

당선 확정 순간,
나는 그의 선거사무실에서 직접 생방송 당선 인터뷰를 했다.
이재명이 국민의 선택을 받은
첫 정치입문 순간을 함께한 것이다.

일련의 소감을 묻고 인터뷰를 마무리하기 전
문득 그 책이 생각났다.
나는 책을 들고 이렇게 말했다.

"이 책에는 당선인의 공약이 담겨 있습니다.
모두 지킬 수 있으시지요?
그럼 우리 시민 여러분들이 보시는 앞에서
공약을 시키겠다는 약속의 의미로 이 책에 서명을 해주시지요."

그는 보란 듯이 서명을 했고,

나는 무리수의 의구심을 거두지 않은 채
국민과 함께 이 약속을 지켜보겠노라며 인터뷰를 마쳤다.
그렇게 당선된 민선 5기 성남시장 이재명의
매니페스토 공약 이행률은 97퍼센트였다.

03. 시민과의 대화
— 이재명 '타운홀 미팅'의 원조, 응답하는 정치

\#

성남시장 취임 첫해에 그는 질문을 던졌다.
"왜 시장이 시민들을 찾아가지 않습니까?"
"왜 민원은 늘 '검토해보겠습니다'로 끝나야 합니까?"

관행을 바꾸겠다는 그의 의지는 조직보다 빨랐다.
아니 시민보다 빨랐고, 때로는 나 같은 기자보다 빨랐다.
그 고민의 산물 중 하나가 '새해인사회'였다.
보통 시장의 새해인사회란 의례적인 행사다.
떡을 자르고, 격려사를 하고,
단체 대표들과 사진 한 장 남기고 끝.
시민들은 주인공이 아니라 객체였다.
그는 이 상식(?)을 뒤집는 지시를 내렸다.

"31개 동을 전부 방문한다."
"누구든지 와서 하고 싶은 말을 직접 하라."

“단, 지역주민 모두의 관심사여야 하고 개인적인 부탁은 금물.”

공무원들은 난감해했다.
기존 방식대로면 인사 몇 번 하고 끝날 일을
벌여도 너무 벌인 것이다.
하지만 그는 밀어붙였고, 사람들은 몰려왔다.
누구는 도로문제를,
누구는 복지문제를,
누구는 법적 구조의 복잡함을 쏟아냈다.
행정은 난처했지만, 시민들은 환호했다.

\#

“안 되는 것은 안 된다고 단도직입적으로 말한다.”
그의 민원해결 첫 단추다.
대개 정치인은 안 된다는 말을 하지 않는다.
유권자에게 미움을 사지 않으려는 본능적 태도다.
그러나 그는 정반대였다. 대놓고 안 된다며 직언한다.

한번은 이런 일도 있었다.
악명 높던 과격시위 단체가 있었는데, 어찌나 끈질긴지
이들을 상대한 공무원들은 하나같이 백기를 들었다.

　　　　　　　　쉬운 정치, 김남준

이재명 시장이 당선되자 그들의 시선은 신임 시장을 향했다.
대부분 그들과 거리를 두고 피해 다녔지만
이재명은 달랐다.
"저분들께 힘들게 밖에서 소리 지르지 말고
안으로 들어오라 하십시오."

회의실에 사람들이 모였고,
시장은 그들의 주장을 충분히 들었다.
그리고 그 주장이 불가능한 법적인 이유를
이해할 때까지 설명했다.
"여러분이 시장보고 불법을 저지르라는 것은 아니잖습니까.
저도 여러분 부탁을 들어드리고 싶습니다.
그러니 제가 할 수 있는 방법을 찾아 제안해주십시오.
그러면 제가 하겠습니다."

악명의 과격시위는 그날 그렇게 끝났다.
한 사람은 끝내 울음을 터뜨렸다.
10년 동안 시위를 하고, 청원·민원을 넣었지만
아무도 왜 안 되는지 설명해준 적이 없었다며
"이제 이 짓 더 안 해도 되게 해줘서 고맙다"고 했다.

　　　　　1부 · 이재명의 어깨에서 세상을 보다

#

이재명식 민원해결 비법의 한 축이 민원을 대하는 방법이라면
나머지 한 축은 공무원 조직을 운영하는 방식이다.
공무원 사회는 기본적으로 '리스크'를 회피한다.
일하다 잘못되면 인사고과에 불이익이 생기고,
승진을 못 하면 노후가 나빠진다.
민원은 최대한 시간을 끌고, 결정은 미루는 것이 이익이다.
괜히 '복지부동' 소리가 나오는 게 아니다.
하지만 이재명은 전혀 다른 접근을 했다.
"내가 책임진다. 그러니 실행하라."

이 말은 지시사항으로 공식 기록된다.
지시사항을 이행하는 공무원은 결과에 책임질 의무가 사라진다.
책임지지 않는다는 말은 불이익의 우려도 없다는 뜻.
인사권자의 명령을 제대로 이행하는 것이
인사고과에 유리한 상황이 만들어진다.
어느 공무원이 열심히 일하지 않겠는가.

#

이재명식 민원해결의 백미를 볼 수 있었던 것이
'시민과의 대화' 혹은 '성남시장과의 대화'라는 이름으로

 쉬운 정치, 김남준

성남시장 시절, 그는 시민들의 말 한 마디 한 마디를
허투루 넘기지 않았다. 손에는 늘 메모장이 들려 있었고,
그 습관은 대통령이 된 지금까지도 이어지고 있다.

성남 지역방송에서 방영된 생방송 프로그램이었다.
나는 줄곧 그 프로그램의 사회를 맡았다.
한 시간 반의 생방송 동안 그는 현안 질문에 즉답했고,
어떤 질문도 피해 가지 않았다.
주민들의 의견을 듣고,
그 자리에서 안 되는 이유는 안 되는 대로 설명하고,
타당하다면 시장 지시사항으로
담당부서에 즉시 시행을 명령했다.
맞다.
이재명 대통령이 취임 후 전국을 돌며 하던 '타운홀 미팅'.
그 포맷의 원형은 바로 성남에서 만들어졌다.
대한민국 중앙정치의 포맷이
지역의 한 도시에서 시작된 것이다.

\#

나는 그 시간을 직접 목격했다.
카메라 뒤에서 또 시민들 틈에서
그리고 때로는 그의 바로 옆에서.
나는 그 시절, 이런 생각을 했다.
'정치가 이렇게 현장에서 작동할 수 있구나.'
'답변의 진정성만으로도 한 도시가 움직일 수 있구나.'

　　　　　　　　　쉬운 정치, 김남준

이재명 시장은 정치인이 할 수 있는
거의 모든 방식의 소통을 시도했다.
"정답은 언제나 현장에 있다"라는 것이 그의 정치철학이다.

이재명 시장은 정치인이 할 수 있는
거의 모든 방식의 소통을 시도했다.
"정답은 언제나 현장에 있다"라는 것이 그의 정치철학이다.

그는 시민들과 만나며 에너지를 소모하는 것이 아니라
오히려 에너지를 얻는 사람이었다.
빡빡한 일정으로 몸이 고된 날에도
시민들을 만나면 눈빛이 되살아났다.

ⓒ성남시청

'응답하는 정치가 이렇게 큰 힘을 가질 수도 있구나.'

그는 그때 이미 지금 우리가 말하는
'참여정치'의 형태를 완성해가고 있었다.
성남에서의 이 정치실험은
이후 광화문 단식, 전국구 정치,
그리고 대통령이라는 거대한 무대로 이어지는
긴 여정의 기초 체력이 되었으리라.

04. 광화문 단식
— 진정성이 타이밍이다

쉬운 정치, 김남준

\#

2016년 여름, 성남시청은 비정상적으로 조용했다.

마치 폭풍 전야의 고요 같았다.

박근혜 정부가 지방재정 보조금을 삭감했다는 소식이 전해졌다.

성남 같은 선도적 복지실험 도시를 정면으로 겨냥한 것이었다.

무상교복, 청년배당, 공공 산후조리 지원 등

성남은 당시로서는 '너무 많이', '너무 앞서' 움직이던 도시였다.

2015년에는 홍준표 당시 경남도지사의 무상급식 철회에

이재명 성남시장의 무상교복이 대비되며

급기야 한국갤럽 여론조사에서

대선 후보(1퍼센트 지지율)로 등극하기도 했다.

기초단체장에 불과한데 중앙정부와 잦은 비교대상에 오르내리니

박근혜 정부로서는 눈엣가시였으리라.

그들은 민주주의를, 지방자치를, 풀뿌리 시민들을

길들이려 했다.

그리고 우리의 저항은 필연이자 의무였다.

\#

성남시장 집무실의 공기는 뜨거웠다.
누구도 말은 하지 않았지만,
우리는 모두 그가 단호한 결정을 내릴 것이라 짐작하고 있었다.
그러나 그의 결단은 그 짐작의 수준을 상회했다.

"광화문으로 가서 단식을 하겠습니다."
순간 주변 참모들의 표정이 굳었다.
단식은 정치인의 마지막 수단이자
정치적 생명을 건 결단이었다.
나는 그 자리에서 숨을 삼켰다.
그가 단식에 들어간다는 뜻은
당시 전국을 긴장시키던 박근혜 정부와
정면충돌하겠다는 의미였다.
하지만 그는 망설이지 않았다.

"이건 성남만의 문제가 아닐뿐더러
지방자치를 죽이려는 세력에 맞서는 문제예요."
그는 이미 마음을 굳혔다.

성남시 대변인인 나는 그렇게 팔자에 없는
'광화문 길바닥 출근' 생활을 시작했다.

\#

광화문광장의 한쪽, 단출한 천막 하나.
그 안에 앉아 단식을 시작한 사람은 성남시장이었다.
'전국구 정치인'도 아니었고 중앙당의 핵심도 아니었다.
사람들은 속삭였다.
"한 지방도시의 시장이 박근혜와 싸운다고?"
"왜 저 정도 사람이 저런 일을 하지?"
"무모하다."

하지만 시간이 흐르며 기류가 달라졌다.
정치인들이 찾아왔다. 언론이 찾아왔다. 시민들이 찾아왔다.
유사 이래 전쟁이 나도 장사 접은 적은 없다던 상인들이
가게 문을 닫고 광화문에 모였다.
정치적으로 완전히 반대편으로 불리던 재향군인회가
성남시장을 지지하는 현수막을 내걸었다.
그의 단식천막 뒤에 적혀 있던 말.
"김대중이 살리고 노무현이 키우고
박근혜가 죽이는 지방자치를 지키겠습니다."

　　　　　　　　　쉬운 정치, 김남준

단식 천막 안에서 진행된 공직자 회의.
나는 가장 가까운 자리에서 그가 하는 말을 빠짐없이 기록했다.
그의 모든 행동은 의무감이 아니라 '소명'에서 비롯된 것이었다.

ⓒ성남시청

정부에 맞서기 위한 단식 중에도 시정은 멈추지 않았다.
매일 전달되는 수십 건의 문서를 검토하고 결재하며 지시를 이어갔다.
쇠약해져가는 모습을 지켜보는 보좌진들의 마음은 타들어갔지만
그는 단 한순간도 책임의 끈을 놓지 않았다.

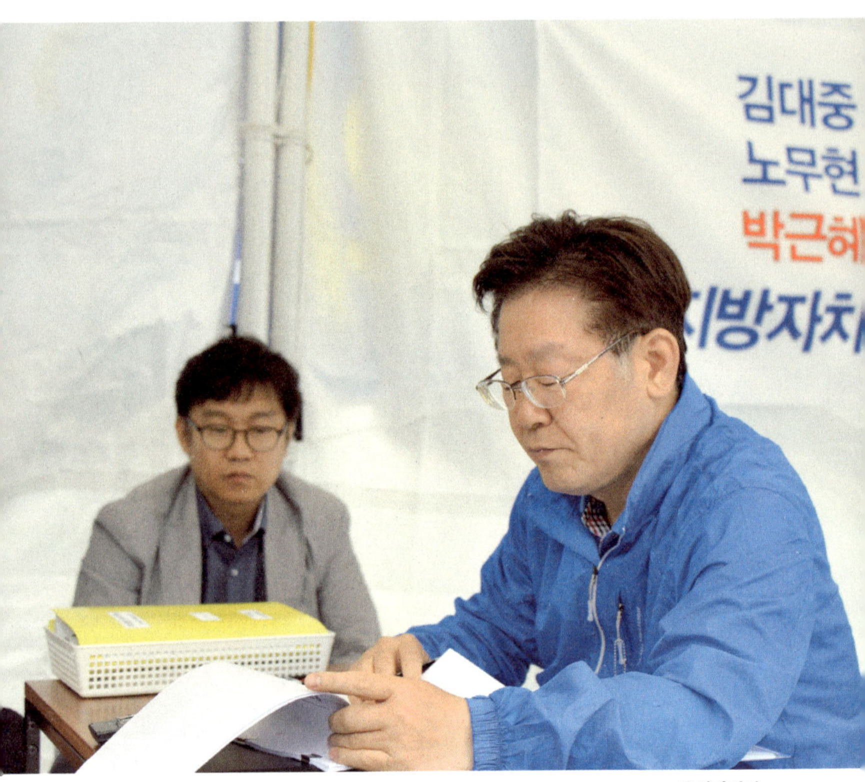

ⓒ성남시청

사람들은 그 말에 맞장구를 쳤다.
"저 사람, 진짜 제대로 싸우네."

광화문 천막에는 이은미의 노래가 울려 퍼졌고,
박원순 시장, 이외수 작가, 조국 교수 등등
수많은 인사의 격려 방문이 이어졌으며,
밤마다 시민들은 촛불과 함께 그 천막을 둘러쌌다.
작은 천막이 거대한 정치무대가 되기 시작했다.

\#

그동안 성남이라는 지방정부 안에서만 회자되던 그의 이름이
본격적으로 전국의 입에 오르기 시작했다.
사람들은 궁금해했다.
한 지방도시의 시장이 왜 이렇게까지 싸우는가.
그리고 그 싸움의 방식이 왜 이렇게 선명한가.

나는 밤마다 광장의 장면들을 떠올렸다.
대의를 위해 목숨을 걸자
시민들이 노래하고
정치인들이 손을 잡고
기자들이 천막 앞을 떠나지 않는 광경.

그 장면 하나하나가 이재명이라는 이름을
전국의 '정치언어'로 바꾸고 있었다.
그날 이후 그는 더 이상 '성남시장'이 아니었다.
그는 '전국구 이재명'이 되었다.

#

나는 그 천막 주변을 지키며 한 생각을 절대 잊을 수 없다.
"정치는 타이밍이다.
그리고 그 타이밍을 만드는 것은
운이나 계산이 아니라 진정성이다."
진심, 결단, 그리고 책임감이 쌓여 임계점을 넘는 순간
'타이밍'은 퍼즐 풀리듯 완성된다.
광화문 단식이 그랬다.
그 순간, 나는 인정할 수밖에 없었다.
"꼬리가 몸통을 흔들었구나. 이제 성남에서 끝나지 않겠구나."
광화문 단식은 이재명의 전국정치 1막을 열었다.

     쉬운 정치, 김남준

05. 박근혜 탄핵
— 또 하나의 타이밍, 대중의 판단을 신뢰하다

\#

2016년 대한민국은 거대한 균열의 한가운데 서 있었다.
세월호의 상처가 채 아물지 않은 국가에
'최순실 국정농단'이라는 말도 안 되는 현실이
폭발하듯 드러났고,
광화문광장은 다시 사람들로 가득 찼다.
촛불은 정치권보다 훨씬 앞서 있었다.
국민들은 이미 말하고 있었다.
"박근혜는 그 자리에 있을 자격이 없다."
"박근혜는 내려와라."

하지만 정치권은 조용했다.
모두가 '정무적 부담'을 말했고,
"지금 하야나 탄핵을 언급하면 오히려 역풍"이라는
소위 정치적 계산들이 오갔다.
나는 그 공간에 있을 때마다 숨이 막혔다.

국민은 진심을 말하고 있는데 정치권은 눈치를 보고 있었다.
그리고 그때
이재명은 결단했다.

\#
2016년 10월 29일 오후 6시 서울 청계광장.
그곳은 분노와 경멸, 조소와 해학이 한데 섞여 있었다.
광장에 모인 시민들은
저마다의 외침으로 시대를 규탄하면서도
예의 질서 있는 모습으로
스스로에게 뚜렷한 정당성을 부여했다.

그날 무대에 오르기 전,
그는 오랫동안 말없이 주변을 바라보고 있었다.
그는 원고를 거의 보지 않았다.
우리가 밤새 고민해서 준비했던 워딩도
그에게는 참고용일 뿐이었다.
그가 하고 싶은 말은 이미 머릿속에 있었다.
그리고 마침내
그의 입에서 정치권 최초의 말이 나왔다.
"박근혜는 이미 대통령이 아니다.

　　　　　쉬운 정치, 김남준

형식적 권력을 버리고 즉각 사퇴하라!"

광장이 흔들렸다.
함성이 폭발했고,
현장에서 형용 불가한 거대한 무언가에 압도되던 그 느낌을
나는 잊을 수 없다.
그는 그 순간
군중의 마음과 정확히 호흡했다.
광장은 그의 말을 간절히 기다리고 있었다.

#

수많은 정치권이 지켜만 보고 있던 그 길을
그는 걸어 들어갔다.
그 순간 정치권의 반응은 미묘했다.
공개적으로는 아무 말도 하지 않았지만
우리는 이면의 분위기를 잘 알고 있었다.
"저건 너무 앞서간 것이다."
"정치인은 저런 식으로 행동하면 안 된다."
"감정에 휩쓸린 발언이다."

하지만 나는 달리 보였다.

국민들이 이미 느끼고 있는 것을 정치권이 말하지 못할 때
그 틈을 메우는 정치인이 등장했다.
그 발언은 '무모한 발언'이 아니라
광장이 이미 내린 결정을
정치권에게 통역해주는 역할이었다.
나는 그 장면을 보며 확신했다.
"정치는 정무적 계산보다
대중의 판단을 신뢰하는 순간 진짜 힘을 얻는다."

그날 그는 정치인이 아니라
대중의 마음을 그대로 말로 옮기는 '확성기'였다.

#

그의 '박근혜 퇴진' 발언 이후
이재명은 더 이상 "성남의 유능한 시장"이 아니었다.
이제 언론은 그를 문재인, 안희정과 함께 거론하기 시작했다.
나는 그 변화를 가장 가까운 자리에서 목격했다.
정치부 기자들의 전화가 폭증했고
면담 요청이 쏟아졌으며
각종 여론조사에 그의 이름이 상위권에 오르기 시작했다.

   쉬운 정치, 김남준

이재명 시장은 정치인 가운데 처음으로
박근혜 대통령의 사퇴를 언급했다.
그 현장에 있던 시민들은 아마도 전율을 느꼈을 것이다.
정치가 현실의 속도를 따라잡는 순간이었다.

그날 나는 깨달았다.
"이재명은 대권주자로서 발탁된 것이 아니라
대중이 직접 끌어올린 사람이다."

그의 급격한 부상에는
당내 조직도, 기존 정치 명망도, 언론의 후광도 없었다.
오직 '말해야 할 때 말한 사람'이라는
단 하나의 이유가 있었다.

#

탄핵 국면이 지나고 자연스레 대선 경선에 참여했다.
우리는 진정성은 넘쳤지만 전략은 부족했다.
조직도, 경험도, 인력도 턱없이 모자랐다.
나는 현장에서 후보 발언을 속기하듯 받아 적고,
보도자료를 직접 쓰고, 기자들과 통화하며
선대위 전체 공보 기능을 사실상 혼자 감당했다.
말도 안 되는 일이었다.
그런데 이상하게도 우리는 끝까지 힘을 잃지 않았다.
그건 조직의 힘이 아니라 개인기의 힘이었다.
그냥 '한 사람의 힘'.
이재명이라는 개인의 파워가 경선판을 흔들었다.

　　　　　　　　쉬운 정치, 김남준

그러나 거기까지였다.
경선에서 졌다.
하지만 그는 누구보다 깨끗하게 패배를 인정했고,
그의 낙선 연설은
그를 비토하던 사람들에게도 이상한 여운을 남겼다.

나는 그날 밤 선거사무실 책상에 앉아
경선 전체를 돌아보며 이렇게 적었다.
"기술은 부족했지만, 진심은 충분했다.
그리고 대중은 그 진심을 기억한다."

그 말은 지금도 여전히 유효하다.
정치에서 진심은 종종 뒷전으로 밀리지만
결국 가장 오래 남는 것은 바로 진심이다.

\#
박근혜 탄핵은 대한민국의 역사적 변곡점이었다.
그리고 그 변곡점에서
'퇴진'을 외친 최초의 정치인은 이재명이었다.
그때 나는
정치의 중심이 어디인지,

　　　　1부 · 이재명의 어깨에서 세상을 보다

정치가 어떻게 시대를 만나야 하는지 배웠다.
"정치는 타이밍을 '노리는' 기술이 아니라
타이밍을 '만드는' 용기와 진심의 예술이다."

탄핵의 시간은
그를 대권무대로 올려놓았고,
나를 그의 가장 가까운 자리로 데려왔다.
우리는 이제 돌아갈 수 없는 길 위에 함께 있었다.

쉬운 정치, 김남준

06. 동상이몽
— 이미지의 전쟁

#

탄핵 정국이 지나고

이재명이라는 이름은 전국에 널리 알려졌다.

하지만 역설적으로, 그 인지도는 '양날의 검'이었다.

그는 강했다.

말이 거침없었고, 논리가 직설적이었다.

광장에서의 발언은 폭발적 지지를 만들었지만

동시에 '싸움닭'이라는 이미지가 불호를 키우기도 했다.

나는 그때 고민했다.

'이 규모의 인지도를 어떻게 쓸 것인가?'

'이 사람의 다음 단계는 대중적 이해와 친근감이어야 한다.'

정치는 강함만으로 멀리 갈 수 없다.

대중은 강함과 동시에

'공생할 수 있는 사람'인지를 알고 싶어 한다.

그 균형점을 찾아야 할 필요가 있었다.

그때 들어온 제안이 바로 SBS 〈동상이몽〉이었다.

\#

지방 일정 중
작가와 PD가 급히 만나고 싶다며 연락을 해왔다.
어느 작은 커피숍에서 그들은 프로그램의 구조를 설명했다.
일회성이 아닌 8회 고정 출연.
공적 활동이 아닌 가정의 모습 공개.
부부의 일상을 중점으로 한 서사.

나는 이야기를 나누는 동안 이런 생각을 했다.
'이 포맷이면 호불호를 뒤집을 수 있다.
강한 정치인 이재명을, '사람 이재명'으로 보여줄 수 있다.
정치적 노이즈를 한순간에 완화할 수 있다.'

그날 나는 확신했다.
이건 '홍보'가 아니라 정치적 균형을 위한 필수 수술이었다.
"시장님, 이건 해야 합니다."

그에게 프로그램 이야기를 꺼냈을 때
반응은 예상보다 냉랭했다.

쉬운 정치, 김남준

“내가 예능을 왜 나가야 하지요?
내 사생활을 왜 공개해야 하나요?
보여줄 것이 뭐가 있다고…”

정치권 주변에서도 반대가 많았다.
당시 많은 참모들이 말했다.
“체급을 높여야 할 때 예능은 저급하다.”
“이재명 이미지를 희화화한다.”

하지만 나는 생각이 달랐다.
예능이라는 콘텐츠산업을
그저 시시덕거리는 놀거리로 치부하는 문제는 차치하고라도
정무적으로 이는 가장 효율적인 장치라고 확신했다.
‘선명성’과 ‘일상성’을 동시에 보여줄 때
현재의 인지도가
지속 가능한 팬덤과 지지 기반으로 치환되리라는 판단에서다.

지지층의 스펙트럼을 넓히기 위해 나는 물러나지 않았다.
그와 주변 참모들을 설득했고,
반대 논리를 하나씩 무너뜨렸다.
네 번의 설득 끝에 시장의 승낙을 얻어냈다.
그리고 마지막 관문은 부인 김혜경 여사였다.

　　　　　　　　

#

그는 단호했다.
"어쩌지요. 전업주부 입장에서 집 공개는 너무 부담돼요."
맞는 말이었다.
정치인의 가족이 겪는 사생활 노출은
누구에게도 가벼운 일이 아니다.

"최소한의 동선만 촬영합니다.
사적인 공간은 전부 비노출로 하겠습니다.
집 분위기를 있는 그대로 편하게 보여드리겠습니다."

남편의 이미지를 위해서가 아니라
가족의 온도를 대중에게 전달하는 기회가 된다며
그렇게 설득의 설득을 거듭한 다섯 번째 설명 끝에
마침내 여사가 조심스레 고개를 끄덕였다.

#

2017년 7월 10일 첫 회분이 방송된 날, 반응은 폭발적이었다.
그동안 '혁명·복지·전투력'으로만 알려졌던 이재명이
갑자기 삼시세끼 집에서 밥이나 축내는 '집밥 삼식이'가 되었다.
여느 집 중년 남성과 같은 친숙한 이미지이면서도

　　　　　　　쉬운 정치, 김남준

동시에 개혁투사 이재명을 바라던 팬들에게는
다소 가벼운 이미지이기도 했다.

그가 다음 날 나를 불렀다.
"이거… 댓글이 난리가 났던데?
왜 나를 이렇게 만들었냐고 하더라."

그러나 나에겐 확신이 있었다.
첫 이미지가 빈틈 있는 모습이어야
갈수록 성장하는 과정을 보여줄 수 있고,
성장하는 캐릭터만이
대중의 감정이입을 통한 긍정적 이미지를 형성할 수 있다.
즉 〈동상이몽〉은 단순한 예능 출연이 아니었다.
그 방송은 '전투형 정치인' 이재명을
'생활인 이재명'으로 전환시키는 고도의 전략이었다.

#
〈동상이몽〉을 하차하던 때에는
이미 대중들에게 호감과 인지도가 단단히 굳어져 있었다.
그는 경기도지사 여론조사에서
상대 경쟁자들과 게임이 안 될 정도의 압도적 우위를 확보했다.

　　　　　　　　　　1부 • 이재명의 어깨에서 세상을 보다

정치에서 이미지란 무엇인가?

그때 나는 확신했다.

"이미지는 포장이 아니라 맥락이다.

그리고 맥락을 만드는 것이 바로

P. I.(Personal Identity) 전략이다."

〈동상이몽〉은

이재명이라는 사람의 결을 확장한 순간이자

김남준이라는 참모가

기획자·프로듀서로 변신한 첫 무대였다.

07. 현장지휘관 이재명
— 정치는 현장에서 완성된다

\#

이재명을 가장 정확하게 설명하는 단어가 있다면
나는 주저 없이 '현장지휘관'이라고 말하겠다.
그는 책상 앞에서 정치를 하지 않았다.
보고서보다 먼저 현장을 보았고,
회의보다 먼저 문제의 냄새를 맡았다.
경기도지사 시절, 나는 그의 곁에서
정치가 실제로 어떻게 작동하는지를 몸으로 배웠다.

\#

계곡정비가 본격화되기 전,
그는 주말마다 조용히 움직였다.
여사와 단둘이
모자를 깊게 눌러쓰고 경기도 곳곳의 계곡을 암행했다.
카메라도 수행원도 없었다.

　　　　　　　1부 · 이재명의 어깨에서 세상을 보다

사람들의 시선도 피해 갔다.
그는 직접 걷고, 직접 보고, 직접 냄새를 맡았다.
불법 구조물이 어디에 있는지,
상인과 행락객의 동선은 어떻게 꼬여 있는지,
공무원 보고서에는 나오지 않는
현장의 불합리들이 그때 그의 머릿속에 쌓였다.

그는 말했다.
"역시 현장에 답이 있더라."

이재명의 판단은
'직접 경험＋행정 보고'라는
두 개의 축 위에서 만들어졌다.
이 균형감각이 그를 현장형 정치인으로 만들었다.

\#

계곡정비의 최대 난관은 불법 상인들이었다.
그들의 반발은 거셌다.
이권이 걸렸으니 그럴 만했다.
내가 그런 그들과 라이브 중계를 하자고 하니
공무원들은 하나같이 고개를 저었다.

  쉬운 정치, 김남준

"라이브 중계는 위험합니다."
"충돌 장면이 그대로 나가면 곤란합니다."
"통제되지 않습니다."

나는 그 반대편에 섰다. 그리고 분명히 말했다.
"그래서 라이브여야 합니다.
가감 없이 보여줘야 합니다.
대중은 생각보다 훨씬 현명합니다."

정치는 숨길수록 불신을 낳는다.
상인들의 분노도, 경기도의 행정 취지도
있는 그대로 공개해야 했다.
우리는 물리적 충돌만 차단할 장치를 만들었다.
지역 경찰서장을 간담회 패널로 공식 배석시켰다.
그리고 유튜브 라이브를 켰다.
폭력 가능성은 제로로 만들고, 대화는 100퍼센트 공개했다.

#
결과는 명확했다.
상인들의 주장도 나왔고, 이재명의 설명도 이어졌다.
고성도 있었고, 날 선 감정도 오갔다.

　　　　　　　　

하지만 대중은
누가 이성적이었는지
누가 공익을 말하고 있는지
스스로 판단했다.

그 콘텐츠는 폭발적으로 확산되었다.
계곡정비는 '강압 행정'이 아니라
설명하는 행정, 설득하는 행정으로 인식되기 시작했다.

그 순간 나는 확신했다.
"정치는 숨기는 기술이 아니라 드러내는 용기다."
이재명은 그 용기를 가진 지휘관이었다.

#

경기도의 코로나 대응은 또 다른 시험대였다.
특히 신천지 강제 역학 조사는
정치적으로 매우 위험한 결정이었다.

잠시 종교 이야기로 가보자.
이재명은 분명한 신념을 가지고 있었다.
"종교는 정치와 유착하는 순간 반드시 타락한다."

　　　　　쉬운 정치, 김남준

성남시장 당선 전까지 그는 한 교회를 섬겼다.
그러나 당선 이후
의도적으로 특정 교회에 고정되지 않았다.
이명박 대통령 시절,
소망교회가 권력의 상징처럼 기능했던 장면을
그는 결코 반복하고 싶어 하지 않았다.
결국 그는 대선 기간 중 다니던 교회에서
교적이 정리되는 결과를 감내해야만 했다.
정치적 중립을 지키기 위한 개인적 손실이었다.

\#

신천지는 '종교의 자유'라는 방패 뒤에서
방역수칙을 거부하고 있었다.
그 선택은 공동체 전체를 위험에 빠뜨렸다.
이재명은 주저하지 않았다.

"종교는 존중하되, 방역은 예외가 없다."
강제 역학 조사라는 전례 없는 결정을 내렸다.
과천 현장에 직접 갔고,
도주하듯 검사를 피하던 이만희를 찾기 위해
가평으로 이동했다.

　　　　1부 • 이재명의 어깨에서 세상을 보다

#

그날, 수원 경기도청에서 강제 조사 현황을 보고받던 중
그는 나를 보며 짧게 말했다.
"안 되겠다. 가자."
나는 그때의 표정을 잊지 못한다.
감정이 아니라 책임의 얼굴이었다.

#

같은 차를 타고 이동하며 그는 조용히 말했다.
"국가권력을 행사하는 일은
항상 신중해야 한다.
하지만 주권자의 이익에 부합한다면
지체해서도 안 된다.
특히 위기상황에서는
더 냉철하고, 더 신속해야 한다."

그가 여러 번 해오던 말이었지만
그날은 유독 다르게 들렸다.
그 말은 내게 정치 지침이 되었다.

 쉬운 정치, 김남준

신천지 이만희 총회장에 대한 감염병 의심자 조사와 진찰을 위해
그는 도지사로서 직접 현장에 나섰다.
책임과 위험을 피해 갈 길이 분명히 있음에도
그는 언제나 가장 앞장서는 쪽을 택했다.

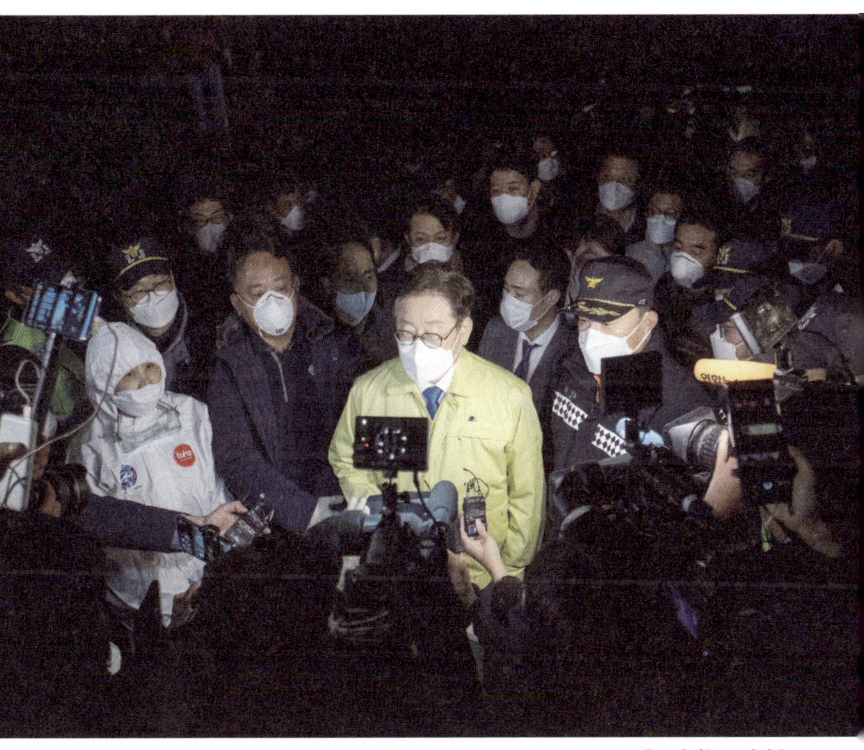

ⓒ오마이뉴스 이희훈

신천지 이만희 총회장에 대한 감염병 의심자 조사와 진찰을 위해
그는 도지사로서 직접 현장에 나섰다.
책임과 위험을 피해 갈 길이 분명히 있음에도
그는 언제나 가장 앞장서는 쪽을 택했다.

#

경기도에서 배운 정치의 핵심은 이것이다.
보고보다 현장,
계산보다 책임,
침묵보다 설명,
두려움보다 공개.
이재명은 위기 앞에서 뒤로 물러서지 않는
현장지휘관이었다.

나는 그의 곁에서 배웠다.
정치는 말이 아니라 집행이며,
철학은 글이 아니라 결단이라는 것을.
이 글을 쓰며 나는 다시 한번 확신한다.
정치는 현장에서 완성된다.

08. 20대 대선

— 비상식과의 전쟁, 그리고 패배의 밤

\#

2022년 3월 9일 새벽.

대통령 선거 개표가 막바지에 이르렀을 때

나는 TV 화면을 더는 바라볼 수가 없었다.

0.73퍼센트포인트.

대한민국 헌정사상 최저 격차의 패배.

정치인생에서 그렇게 조용한 밤은 처음이었다.

주변은 소란스러웠지만

내 마음은 끝없이 가라앉고 있었다.

'우리는 질 수밖에 없는 잘못을 했는가?

아니면 이길 만큼의 노력이 부족했는가?'

그 질문이 머릿속에서 계속 맴돌았다.

#

성남시장, 경기도지사로서
탁월한 행정력을 보여준 그는
그야말로 유력 대권주자의 반열에 올랐다.
늘 비주류였던 그가 압도적 우위로 여당의 후보가 되었다.

그러나 비주류의 한계는 높았다.
선거 초반부터 우리는 느끼고 있었다.
당은 한 몸처럼 움직이지 않았다.
누구는 몸을 빼고,
누구는 계산을 하고,
누구는 '민주당의 승리'보다
'이재명의 패배'를 원하는 듯한 기류를 숨기지 않았다.
우리는 분명 같은 당이었지만
하나의 전선을 공유하지 않았다.
캠프는 외로웠다.

나는 그 외로움의 구조를 너무나 뚜렷하게 기억한다.
누구도 말하지 않았지만 모두가 들었던 그 말.
"당신들은 비주류니까."
"당신들이 이기면 누가 좋아지는데?"
"이재명은 우리가 만든 사람이 아니잖아."

 쉬운 정치, 김남준

민주당 내부에서조차 우리는 끝내 '주류'가 아니었다.
그리고 그 벽은 선거 내내 우리를 압박했다.
이재명은 뛰었고,
우리는 전력을 다해 뛸 준비가 되어 있었지만,
조직은 절반만 움직였다.
반쪽짜리 엔진으로 전국을 완주해야 했다.

\#

윤석열 후보를 상대하는 선거는
정치적 논쟁의 장이라기보다
현실감각과 상식을 시험하는 장에 가까웠다.
윤석열은
토론을 피했고, 검증을 거부했고,
캠프의 메시지는 일관성이 없었으며,
선거는 '정책'보다 '선동'이 우위를 점했다.

나는 잊을 수 없다.
선국의 카메라 앞에서
그의 손바닥에 쓰여 있던 '王(왕)'이라는 글자를.
그 장면은 정치가 얼마나 쉽게 비이성과 미신,
그리고 선동의 영역으로 떨어질 수 있는지를

    1부 · 이재명의 어깨에서 세상을 보다

극단적으로 보여주는 상징이었다.

그야말로 무너지는 심정이었다.

'우리는 지금 정상의 정치와 싸우는 게 아니다.

비상식과 비이성과 비전 없는 구조와 싸우고 있다.'

우리는 대한민국의 미래를 두고 경쟁하는 것이 아니라

정치의 최소 조건,

즉 '합리'와 '진실'을 지키기 위해 싸우고 있었다.

#

대선을 치르며 나는 똑똑히 보았다.

기득권의 생태계는

자기들을 지키기 위해 서로를 물고 뜯으면서도

결정적 순간에는 하나로 뭉친다는 사실을.

그 생태계는 정치권뿐 아니라

검찰, 언론, 일부 경제 권력까지

커다란 그물처럼 촘촘하게 연결되어 있었다.

그들은 위태로운 기존 질서를 유지하기 위해

새로운 변화를 막았고,

'낡은 구조의 생존'을 위해

국가의 미래를 담보로 잡았다.

　　　　　　　쉬운 정치, 김남준

나는 그 구조를 보며 느꼈다.

"우리는 지금 공정한 게임판 위에 서 있지 않다.

우리는 이 구조 그 자체와 싸우고 있다."

\#

패배가 확정되는 순간,

나는 이상하게도 눈물이 나지 않았다.

그 대신 숨이 깊게 꺼지는 경험을 했다.

그날 새벽,

2017년 대선 경선 패배 이후 이재명이 남겼던 말이 떠올랐다.

"우리는 우리 스스로의 어떤 지위를 위해서나

우리가 단순히 이기기 위해서가 아니라

셀 수 없이 많은 사람들의 안타까움을,

그 꿈을 위해 싸우는 것입니다.

저는 이곳에서 멈추지 않겠습니다. 이제 시작입니다."

\#

대선 이후 나는 오랫동안 혼자 생각했다.

이 싸움의 본질이 무엇인지,

 1부 · 이재명의 어깨에서 세상을 보다

우리가 맞서야 하는 상대가 누구인지를.
그리고 마침내 내 나름의 결론에 도달했다.
우리가 싸운 상대는 어떤 개인이 아니라
대한민국의 기득권 체계를 지탱하는
부패한 생태계였다.

정치·검찰·경제·언론 일부가 서로를 먹여 살리며
국가의 에너지를 빨아들이는 구조.
국민이 만들어낸 부가 특정 네트워크로 흘러 들어가
권력과 이익을 재생산하는 구조.
그것은 단지 잘못된 정책이 아니라
일종의 '사회적 기생 구조'였다.
사람에게 비유할 수는 없지만,
국가의 건강을 갉아먹는 비정상적인 시스템이었다.
그리고 나는 이 구조를 보며 더 강하게 다짐할 수밖에 없었다.

"이 구조를 반드시 끝내겠다.
부패한 생태계를 해체하는 정치,
그 싸움의 최전선에 서겠다."

이것은 감정의 언어가 아니라
내 정치인생의 목표이자 선언이었다.

　　　　　　　　　쉬운 정치, 김남준

2022년 3월 8일 20대 대선을 하루 앞둔 밤.
청계광장에 모인 수많은 시민들과 함께 〈상록수〉를 부르던 그는
끝내 눈물을 쏟았다.

ⓒ오마이뉴스 이희훈

20대 대선 마지막 유세를 마친 그의 뒷모습.
저 어깨 위로 얼마나 무거운 짐을 짊어지고 있었을까.
그리고 나는 그 무게를 얼마나 덜어줄 수 있었을까.

ⓒ오마이뉴스 이희훈

#

2022년 대선 패배는
나를 가장 크게 무너뜨린 경험이었지만
동시에 내가 왜 더 앞으로 나가야 하는지를
가장 선명하게 보여준 사건이었다.

나는 패배를 잊지 않을 것이다.
왜냐하면 그 패배는
내가 앞으로 펼칠 정치의 방향을
뚜렷하게 그려주었기 때문이다.

우리는 졌지만, 틀리지 않았다.
우리는 패배했지만, 무릎 꿇지 않았다.
그리고 반드시 다시 일어설 것이다.

그날 새벽,
나는 오래된 노트를 꺼내 첫 줄에 이렇게 적었다.
"기득권의 구조를 해체하는 정치,
그 싸움을 내가 책임지겠다."

그 문장은
내 인생의 다음 장을 여는 선언이었다.

09. 목숨 건 정치 ①
— 암살테러

쉬운 정치, 김남준

\#

2024년 1월 2일.

나는 이날을 평생 잊지 못할 것이다.

그날 아침, 나는 국회 본청 당대표 정무실에 있었다.

이재명 대표는 부산에서

새해 첫 일정을 소화하고 있었다.

우리는 그 일정을 야심차게 준비했다.

새해의 시작을

다시 민생으로 열고 싶었다.

그러나 메시지 알림 하나가

그 모든 기획을 산산이 부숴버렸다.

\#

처음 메시지를 받았을 때 나는 그 말을 부정했다.

'설마… 말이 안 된다.'

현장에 있는 당직자에게 전화를 걸었다.

수화기 너머의 목소리는 떨렸다.

"대표님이 쓰러져 있습니다.

칼에… 목 부위를 찔렸습니다.

당직 의원들이 손수건으로 지혈하고 있습니다."

내 몸의 감각이 하나씩 사라졌다.

머리는 차갑게 식어가는데 심장은 빠르게 뛰었다.

나는 정무실 직원들에게 말했다.

"지금 부산 내려갑니다."

어떠한 이유도, 설명도 없었다.

차를 몰아 서울역으로 향했다.

그 짧은 시간 동안 속으로 같은 말만 반복했다.

'제발… 살아만 있게 해달라.'

\#

이동 중에 이재명 대표가 부산에서 서울로

이송된나는 소식을 들있다.

그 말을 듣는 순간 차를 돌렸다.

부산이 아니라 서울대병원이었다.

'얼굴을 봐야 안심할 수 있다.

　　　　　1부 · 이재명의 어깨에서 세상을 보다

숨 쉬고 있는 걸 직접 봐야 한다.'
병원에 도착했을 때 시간은 이상하게 늘어져 있었다.
복도는 조용했고 내 머릿속만 소란스러웠다.

#

외부인은 아무도 없었다.
그 방에는 나와 천준호 비서실장, 그리고 김혜경 여사만 있었다.
의료진의 첫마디가 지금도 귀에 남아 있다.
"하늘이 구했습니다."

칼의 각도가 조금만 달랐어도 동맥이 손상될 수 있었고,
생명을 장담할 수 없었다는 그 말을 듣는 순간
숨이 멎는 것 같았다.
그날 처음으로
'사람이 이렇게까지 무력해질 수 있구나'를 느꼈다.

#

나는 확신한다. 그 역시 느꼈을 것이다.
이후의 삶은 당연한 연장이 아니라
덤으로 주어진 시간이라는 것을.

 쉬운 정치, 김남준

회복 중 그의 얼굴은

내가 알던 이재명이 아니었다.

투쟁도, 분노도, 긴장도 한 겹 벗겨진 표정.

마치 세상의 모든 풍파를

한번 해탈하고 돌아온 사람 같았다.

그건 처음 보는 얼굴이었다.

그는 그렇게

한 차원 다른 사람이 되어 퇴원했다.

\#

나는 그에게 메시지를 하나 제안했다.

"이제는 죽이는 정치를 끝내고 살리는 정치를 합시다."

그는 퇴원 메시지로 이렇게 말했다.

"우리 국민 여러분께서 살려주신 목숨이라

앞으로 남은 생도 오로지 국민들을 위해서만 살겠습니다.

상대를 죽여 없애야 하는 전쟁 같은 정치를

이제는 종식해야 합니다.

서로 존중하고 인정하고 타협하는

제대로 된 정치로 복원되기를 바랍니다.

저 역시 다시 한번 성찰하고,

희망을 만드는 살림의 정치로 되돌아갈 수 있도록
노력하겠습니다."

그의 얼굴에는 분노가 없었다.
원망도 없었다.
오직 결의와 절제만 있었다.

\#

나는 아직도 이 사건이 석연치 않다.
테러 동기, 현장의 수습 과정,
사건 직후 쏟아졌던 턱없는 비난들까지
모든 것이 정상적이지 않았다.
나는 그날 이후 하나의 확신을 갖게 되었다.
'이재명이 사라져야 이득을 보는 누군가가 분명히 존재한다.'
그리고 동시에 또 하나의 사명을 확인했다.
'이재명은 반드시 지켜야 할 사람이다.'

정치적 이해관계 때문이 아니다.
인간으로서
공동체로서
지켜야 할 선이 있기 때문이다.

"우리 국민 여러분께서 살려주신 목숨이라
앞으로 남은 생도 오로지 국민들을 위해서만 살겠습니다."
8일 만에 퇴원하며 세상에 전한 첫 메시지.
짧은 문장이지만 그가 지나온 시간을 떠올리면
결코 가볍지 않은 말이었다.

©더불어민주당

"우리 국민 여러분께서 살려주신 목숨이라
앞으로 남은 생도 오로지 국민들을 위해서만 살겠습니다."
8일 만에 퇴원하며 세상에 전한 첫 메시지.
짧은 문장이지만 그가 지나온 시간을 떠올리면
결코 가볍지 않은 말이었다.

\#

2024년 1월 2일 이후

나는 더 이상 정치를 추상으로 말할 수 없게 되었다.

정치는 생명이고,

정치는 책임이며,

정치는 지켜내는 일이다.

나는 그날

정치가 얼마나 잔인해질 수 있는지 보았고,

동시에 정치가 얼마나 고결해질 수 있는지도 보았다.

그는 살아 돌아왔다.

그리고 우리는 알게 되었다.

'이 싸움은 끝나지 않았다.'

다만 방식은 달라져야 한다.

죽이는 정치가 아니라 살리는 정치로.

그것이 그날 이후 내가 선택한 길이다.

10. 목숨 건 정치 ②
— 죽음의 단식

\#

2023년의 그 시기는 정치가 아니라 포위에 가까웠다.
당 밖에서는 윤석열 검찰정권의 정적 제거가
노골적인 단계로 접어들고 있었다.
이재명이라는 이름을 지우기 위한
모든 수단이 동원되는 듯 보였다.
그리고 당 안에서는
더 오래된 문제가 숨을 고르고 있었다.
중앙의 자리를 빼앗겼다고 느낀 구태 기득권 카르텔이
겉으로는 침묵한 채, 속으로는 그의 몰락을 계산하고 있었다.
밖에서는 칼날이, 안에서는 함정이 기다리고 있었다.
그야말로 사면초가였다.

\#

그 극단의 정치 속에서 그가 꺼내 든 선택은

     1부 · 이재명의 어깨에서 세상을 보다

타협도 후퇴도 아니었다.
단식.
무기한 단식.
나는 그 결정을 들었을 때
본능적으로 두려웠다.
이미 한 번의 단식을 곁에서 지켜본 사람으로서
그 고통이 무엇인지 알고 있었기 때문이다.

만류했다.
여러 번, 여러 사람이.
그러나 그는 단호했다.
그 고집을 꺾을 수 있는 사람은 아무도 없었다.
그의 선택은
정치적 계산이 아니었다.
자신의 목숨을 제물로
극단의 정치를 멈춰보겠다는 결단 그 자체였다.
그렇게 죽음의 단식은 시작되었다.

#
그는 독한 사람이었다.
그러나 그를 둘러싼 구조도 못지않게 지독했다.

단식으로 이미 신체와 정신이 취약해진 틈을 타
검찰은 소환을 강행했다.
정상적인 수사가 아니라
정신적·육체적 압박에 가까운 방식이었다.
나는 그와 함께 검찰에 다녀왔다.
그리고 그날, 페이스북에 이 글을 남겼다.

이재명의 5번째 검찰소환이 끝나고 난 뒤

11시간의 조사가 끝났습니다.
차에 오르자마자
몸은 괜찮으시냐 물었습니다.
낮고, 작고, 짧게
"그렇다"는 답이 들렸습니다.
긴 침묵이 흘렀습니다.
단식 10일차였습니다.
앉아 있기도, 말하기도 어렵습니다.
당당하게 출석하겠다며
정신력으로 버텼습니다.
당장 내일부터가 걱정입니다.
그런데 또다시
회술레 한판을 벌이겠답니다.
밟고 짓이긴 뒤

살았는지 죽었는지
더 확인하겠다는 것입니다.
분노, 참담, 비통, 불안…
온갖 감정이
밟히고 짓이겨져
뒤섞입니다.
차 안에서의 긴 침묵을 깬 말은
질문이었습니다.
"내일 선생님들이 오신다고?
어떤 분들이지?"
단식 11일차.
그는 교사들의 고통을 나누기 위해
교원단체들의 면담 요청을
흔쾌히 받았습니다.
그의 운명인가 봅니다.
고통받는 사람들을 향해
한 발 한 발
힘겨운 걸음을 내딛습니다.
고통스럽게.

쉬운 정치, 김남준

\#

결국 검찰은 구속영장을 청구했고,
당내 기득권은 체포동의안을 가결했다.
법과 정치의 이름으로,
법과 정치의 외피를 쓴 집단 린치였다.
그들은 그를 지옥으로 밀어 넣고
그 과정 자체를 하나의 장면처럼 소비했다.
그러나 그는 살아남았다.

구치소를 나서며 그가 교도관에게
90도로 인사하는 장면을 보았을 때
나는 형언할 수 없는 감정을 느꼈다.
그건 예의도, 연출도 아니었다.
자신의 생명을 건 승부수가 여기까지 이어질 수 있도록
수만의 우연이 겹쳐진
이 한 순간 한 순간에 대한 감사.
그 감정이 고개를 숙이게 만들었다.

그때 등골이 서늘해졌다.
'아… 이 사람은 정말 죽기를 각오했구나.'

     1부 • 이재명의 어깨에서 세상을 보다

#

단식 기간 동안
나는 당대표실 옆 마룻바닥에 이불을 깔았다.
그의 방에 마지막 소등을 하는 역할을 내가 맡았다.
숨이 붙어 있는지 확인해야만 스스로 안심이 되었기 때문이다.
그리고 매일 밤 그에게 같은 말을 했다.
"이제 제발 그만하십시오. 이만하면 충분합니다."

그의 대답은 늘 같았다.
"살고자 했다면 시작도 하지 않았다."

#

단식 19일째.
그는 결국 건강 악화로 병원에 후송되었다.
저항할 힘도
저항할 정신도
모두 소진된 뒤였다.
나는 병원으로 가는 내내 빌고 또 빌었다.
'제발 무사하게 해달라.'

그러나 정신을 차린 그는 병상에서도 말했다.

 쉬운 정치, 김남준

"단식은 계속하겠습니다."

속이 무너지는 기분이었다.
그러나 그 고집을 꺾을 수 없다는 것을
나는 누구보다 잘 알고 있었다.
그렇게 나는 그의 병상을 매일같이 지켰다.

#
수많은 병문안이 이어졌다.
침묵하던 사람들도 하나둘 모이기 시작했다.
어느새 당의 마음은 하나로 수렴되고 있었다.
그 힘은 강서구청 보궐선거에서
계파를 넘은 총력으로 증명되고 있었다.
정치는 완전히 죽지 않았다.

#
단식 24일째.
의료진이 배수의 진을 치고
강제 중단을 강력히 경고한 끝에
그는 마침내 단식 중단을 선언했다.

"절망에 공감하고 함께하는 유일한 방법"이라며
시작한 단식은 무려 24일 동안 이어졌다.
그에게도 지켜보는 이들에게도 고통스러웠던 그 시간은
한 정치인의 결단이자 그가 감당하려 했던 시대의 무게이기도 했다.

ⓒ더불어민주당

"절망에 공감하고 함께하는 유일한 방법"이라며
시작한 단식은 무려 24일 동안 이어졌다.
그에게도 지켜보는 이들에게도 고통스러웠던 그 시간은
한 정치인의 결단이자 그가 감당하려 했던 시대의 무게이기도 했다.

#

그는 살아남았다.

그러나 그는 더 이상 이전의 이재명이 아니었다.

죽음 앞에서 한번 더

사람은 진화한다.

그는 그 지점을 또 한 번 통과했다.

나는 그 과정을 지켜본 사람으로서 확신하게 되었다.

이 정치는 반드시 끝까지 가야 한다.

그가 정치 인생을 마친 이후라도 말이다.

그의 목숨 위에 세워진 이 선택을

헛되게 만들 수는 없기 때문이다.

　　　　　　　　1부 · 이재명의 어깨에서 세상을 보다

11. 비상계엄
— 정치의 본질을 다시 새기다

\#

2024년 12월 3일.

그날은 여느 날과 다르지 않은 퇴근길이었다.

이재명 대표가 먼저 국회를 나서는 것을 보고,

나도 자연스럽게 퇴근했다.

국회 경내에는 경광봉을 든 경찰들이 더러 보였다.

평소보다 숫자가 조금 많다는 정도로만 느꼈다.

그때까지만 해도 그것이 어떤 밤의 전조인지 알지 못했다.

\#

집에 도착해 씻고, 거실에 비스듬히 누워 휴대전화를 켰다.

윤석열의 특별담화가 예고되어 있었다.

'또 무슨 이상한 소리를 하려나.'

그 정도의 마음이었다.

아이들은 각자의 방에서 숙제를 했고,

아내는 막내의 숙제를 도와주고 있었다.
나는 혼자 조용히 거실에서 담화를 지켜보고 있었다.

\#
"비상계엄을 선포합니다."
윤석열의 입에서 그 말이 나왔을 때
나는 잠시 화면을 제대로 이해하지 못했다.
우리 민주당이 그토록 경고해왔던 시나리오였다.
그러나 국민의힘과 세간에서는 말도 안 된다고 비웃던 그 일이
눈앞의 현실이 되는 순간이었다.

머릿속이 단번에 냉각되었다.
감정보다 판단이 먼저 작동했다.
곧바로 의원들과 당직자들이 모여 있는
메신저 단체방을 열었다.
메시지들이 뒤엉켜 있었다.
혼란이 고스란히 드러났다.
나는 짧게 썼다.
"국회 소집령 내리셔야."

그리고 즉시 대표 수행비서에게 전화를 걸었다.

　　　　　　　　1부 · 이재명의 어깨에서 세상을 보다

"대표 위치 어디입니까?"
"아까 자택에 내려드리고 지금 복귀 중입니다."
나는 지시했다.
"즉시 자택으로 가서 대표 위치부터 정확히 파악하세요."

국회의장실 비서진과도 소통했다.
지금 가장 중요한 사람은 국회의장과 당대표였다.
두 사람의 안위가 최우선이었다.
서로의 위치를 교차 확인했다.

#

나는 막내 방에 있던 아내만 조용히 불렀다.
그리고 계엄 선포 사실을 전했다.
아내는 처음엔 어리둥절해했다.
나는 단호하게 말했다.
"무슨 일이 있어도 나는 살아 있을 거야. 그러니 걱정하지 마."
그리고 덧붙였다.
"내가 당신과 소통하기 전까지는 섣불리 움직이지 마.
무슨 일이든 나와 먼저 상의해줘."
최대한 태연한 표정으로 아이들에게도 말했다.
"아빠가 회사에 급한 일이 생겨서 나가야 해."

이 밤에 무슨 일이냐는 아이들의 물음에
나는 대답 대신 약속을 제안했다.
"약속 하나만 하자.
다른 때도 그렇지만 지금은 정말 엄마 말에 무조건 따라야 해.
엄마가 가자고 하면 토 달지 말고, 시간 끌지 말고,
바로 움직이자. 알았지?"

아내는 상황의 심각성을 그제야 온전히 이해한 얼굴이었다.
신발을 신는 내 앞에 서서 아이들에게 말했다.
"얘들아, 아빠 한번 안아드려."
아이들을 품에 안았다. 그리고 속으로 말했다.
'언제가 될지는 모르지만 멀지는 않을 거야.
반드시 돌아올게.'
그렇게 문을 나섰다.

\#

차를 몰아 국회로 향했다.
그사이에도 수행비서와 계속 통화하며
대표의 위치를 추적했다.
대표는 이미 자택을 나와 국회로 이동하며
유튜브 라이브를 켜고 있었다.

국민들에게 국회로 모여달라고 호소하는 방송.
대표의 안위가 걱정되면서도,
'아직 잡혀가지 않았다'는 사실을
실시간으로 확인하는 이 아이러니함이란.

\#

비교적 빠르게 국회에 도착했다.
어수선한 틈을 타 국회 본청 당대표실로 진입했다.
곧 대표가 국회 담을 넘어
무사히 의원회관에 들어온 것을 확인했다.
이제 관건은 하나였다.
대표를 최대한 빨리 본회의장으로 들이는 것.
본회의장은 그날 밤 가장 안전한 장소였고,
동시에 계엄을 해제할 수 있는 유일한 장소였다.
그래서였다.
의원들도, 심지어 한동훈 국민의힘 대표를 포함한
반윤석열 진영의 인사들까지 모두
본회의장으로 향했던 이유가.

\#

나는 여러 의원실과 실시간으로 소통하며
본청 진입 루트를 확보했다.
눈치 없는 일부 의원들이 계속 대표의 위치를 물어왔다.
나는 의도적으로 다른 정보를 흘리며 시선을 분산시켰다.
한 번 실패하면 끝이다.
상대는 계엄군이 아닌가.

대표는 의외의 장소들을 택해 매복을 이어가며
본청 진입의 기회를 엿봤다.
그리고 단 한 번의 작전 감행.
마침내 대표가 본회의장에 진입했다.

\#

계엄해제 표결은 성공했다.
누군가는 이 순간을 보며
이후의 대선 시나리오를 떠올렸다고 한다.
솔직히 말하면
나에게 그럴 여유는 전혀 없었다.
내 머릿속에는 단 하나의 생각만 있었다.
'당분간 계엄 재시도를 어떻게 막을 것인가.'

그날 밤 우리는
윤석열이
상상을 초월하는 비정상이라는 사실을
분명하게 확인했기 때문이다.

\#

그 밤은 나에게 정치의 본질을
다시 새겨준 시간이었다.
정치는 언제나 생존의 현장에 있었다는 것을.
그리고 판단 하나하나에 생명의 무게가 실려 있다는 것을.

비상계엄의 밤,
나는 집을 나서 국회로 향했고,
민주주의는
그 긴 밤을
간신히 건너왔다.
그리고 이후의 정치판은
그 치열하고 고귀한 경험을
망각하느냐 실천하느냐의 싸움으로 접어들었다.

12. 운명의 도시
— 인천 계양, 사람을 사람답게 남게 해준 곳

\#

20대 대선이 끝났다.

윤석열이 당선되었고, 이재명은 야인이 되었다.

움직임이 멈춘 시간이 아니라 숨을 고르던 시간.

나 역시 몇 년 만에 가족과 함께 캠핑을 떠났다.

아무 말도 하지 않고, 불을 피우고, 바람 소리를 듣는 밤.

그런데 첫날 밤을 지나 아침에 눈을 뜨자

전화기가 쉬지 않고 울렸다. 기자들이었다.

"이재명 상임고문의 계양 보궐선거 출마설이 도는데

사실입니까?"

\#

나는 아무것도 알지 못했다.

그래서 아무것도 말할 수 없었다.

그때 전화 한 통이 걸려왔다.

　　　　　　　　1부 · 이재명의 어깨에서 세상을 보다

호랑이도 제 말 하면 온다더니
발신인은 이재명.
"미안하네만… 준비를 해야겠네."

#

사실 나는 반대했다.
연고 없는 사람이 과연 받아들여질 수 있을지,
그 토양이 정말 우리를 품어줄지
확신이 없었기 때문이다.
정치는 의지만으로 되는 일이 아니다.
사람이 사람을 받아들일 수 있어야 한다.

#

솔직히 이재명도 나도
계양에선 완전 이방인이었다.
혈연도 지연도 없었고,
어릴 적 추억도 오래된 인연도 전혀 없는 곳.
정치적으로 가장 불리한 출발선이었다.
계양이 우리를 밀어낸들 조금도 이상하지 않았다.
누구도 탓할 수 없는 상황이었다.

　　　　　　　　　　쉬운 정치, 김남준

그런데 놀랍게도 계양은 그러지 않았다.

\#

"여기서 다시 시작합시다."
계양 주민들은 우리보다 먼저 마음을 굳혔던 것 같다.
그 담담한 말엔 동정도 계산도 없었다.
그저 같이 가보자는 초대였고,
무엇보다 단단한 각오였다.

말로 다 형용하기 어렵다.
정치를 오래한 사람일수록 더 잘 알 것이다.
그런 마음을 만나는 게 얼마나 드문 일인지.
나는 그때 처음으로
정치가 사람의 얼굴을 갖는 순간을 봤다.

\#

해불양수(海不讓水).
'바다는 물을 가리지 않는다'는 뜻이다.
바다는 작은 물줄기라 해서 막지 않고,
흙탕물이라 해서 돌려보내지 않는다.

그저 받아들이고,
시간을 두고 결국 하나의 바다로 만든다.
계양이 딱 그랬다.
우리에게 문을 열어주고 자리를 내주었다.
그 넓은 품엔 조건이 전혀 없었다.

\#
선거운동을 시작한 날,
계양 주민들의 눈빛이 아직도 생생하다.
의심, 호기심, 어색함이 뒤섞인 표정이었다.
불과 0.73퍼센트포인트 차이로
대통령 선거에 낙선한 정치인이
작은 지하철역에서 홀로 피켓을 들고
출퇴근 인사를 하는 모습.
온 국민이 아는 그를 보며
주민들은 낯설고도 신기했을 것이다.

대형 유세차에 올라 늘 거대한 인파 앞에서 열변을 토하던
대선후보 이재명은 없었다.
곁에 동행하는 정치인도 하나 없었다.
그는 차가 못 들어가는 곳을 제외한 모든 골목을

     쉬운 정치, 김남준

마이크 하나 들고 누볐다.
이른 새벽부터 늦은 밤까지.
목이 쉬어 목소리가 제대로 나오지 않아도.
반겨주는 사람 하나 없어도.

\#

하지만 걱정은 잠시였다.
후보가 아닌 선거운동원들에게까지 간식을 전하는 청년들.
"이번엔 이겨야죠" 하며
집에서 손수 만든 김밥을 가져와 건네는 어르신들.
사과 한 알이라도 가져가라는 시장 상인분들.
바쁜 출근길임에도
우연히 마주쳐 준비한 게 없다며
가방을 뒤져 사탕 몇 개라도 쥐어주고 가는 이들을 보며
하루에도 몇 번씩 울컥 올라오는 감정을 눌러야 했다.

감사함과 동시에 무거운 책임감이 밀려왔다.
이방인에게 내준 이 믿음을 저버릴 수 없다.
계양이 품어준 만큼
계양을 위해
전력을 다해야겠다고 다짐했다.

   1부 · 이재명의 어깨에서 세상을 보다

#

선거후원금은 모금 2시간 만에 목표를 채웠다.
10만 원 미만 소액 후원자가 99퍼센트를 차지했다.
1000원, 5000원 단위의 귀한 마음이
전국 각지에서 모였다.

#

나는 선대위 대변인을 맡았다.
상대는 25년 터줏대감을 자처하는 후보였다.
말과 말이 부딪혔고, 문장과 문장이 상처를 냈다.
그 과정에서 기소를 당했다.
언론기사를 보고 쓴 논평이
허위사실 공표라는 억울한 누명이었다.

그러나 계양은 나를 혼자 두지 않았다.
증언해주었고,
곁을 지켜주었고,
끝까지 믿어주었다.
세 번의 재판. 세 번의 무죄.
그 승리는 내 것이 아니었다.
계양이 나를 끝까지 놓지 않았기에 가능한 결과였다.

2025년 12월 25일 계양의 한 교회에서 드린 성탄 예배.
오랜만에 느끼는 교회의 온기가 마음을 편안하게 했다.
늘 가슴 한편에 두고 있던 계양을 방문할 수 있어 더욱 뜻깊었던 하루.

ⓒ위성환

#

보궐선거 이후
이재명은 계양을 국회의원이 되었고,
나는 계양을 의원보좌관이 되었다.
그곳에서 정치는 다시 시작되었다.

계양은
DJ 이후 처음으로 당대표 연임이라는 기록을 만들었고,
야당 압승이라는 전례 없는 총선을 진두지휘한
베이스캠프가 되었으며,
마침내 첫 인천 대통령을 탄생시킨 땅이 되었다.

#

2025년 6월 대통령 당선 직후,
제1부속실장인 나에게 그는 이렇게 말했다.
"계양 공약을 꼭 챙겨달라."

탄핵이라는 예상치 못한 출발선에서 임기가 시작되어
지역구 공약을 끝까지 지키지 못한 그의 염려였다.
부탁이 아니라 책무의 위임이었다.

　　　　　쉬운 정치, 김남준

#

이제 내게 남은 일은 분명하다.
대통령이 못다 한 약속을 완수하고 더 단단히 발전시키는 것.
해불양수의 넉넉한 품으로 아무 조건 없이 우리를 안아준
계양에 대한 응답이자 의무다.

나는 안다.
사람은 자신을 품어준 곳에서 가장 크게 자란다는 것을.
그래서 나는 이 도시를 '운명의 도시'라 부른다.

모든 것이 다시 시작될 수 있었던 곳.
이방인에게 문을 열어준 넉넉한 곳.
사람을 사람답게 남게 해준 곳.
인천 계양.

     1부 · 이재명의 어깨에서 세상을 보다

주권의 환원
-정치는 어떤 구조를 가져야 하는가

13. 이재명의 정치
— 국민은 언제나 주권 그 자체였다

\#

나는 이재명이라는 정치인을
가까이에서 지켜볼 기회를 가졌다.
그의 곁에서 나는
정치를 배웠다기보다
주권이 현실에서 어떻게 위임되고, 집행되며,
다시 환원되는지를 보게 되었다.
이재명의 정치는 늘 논쟁의 중심에 있었다.
그러나 한 가지 사실만큼은 분명했다.
그의 정치 안에서
국민은 객체가 아니라 주권자로 존재했다.
즉 그를 둘러싼 논쟁은 언제나
정치를 어디에서 출발시키는가의 차이에 있었다.

걸어 다니는 시간조차 아까워하며 서류를 읽는 대통령의 모습.
그는 "공직자의 한 시간은 국민의 5200만 시간과 같다"라고 늘 강조해왔다.
아마도 스스로에게 가장 엄격하게 되뇌던 다짐이었을 것이다.

ⓒ위성환

#

이재명의 정치에서
국민은 설득의 대상이 아니었다.
보호의 대상도, 동원의 대상도 아니었다.
국민은 언제나 주권 그 자체였다.
정치인은 그 주권 위에 서 있는 존재가 아니라
주권의 일부를 일시적으로 위임받아 집행하고,
다시 국민에게 환원할 책무를 지닌 위치에 있었다.
이 점에서 정치인은 주인이 아니라
머슴(servant)이었다.

#

머슴의 역할은
주인의 권한이 제대로 행사되도록 대신 수행하고,
그 결과를 다시 주인에게 돌려주는 것이다.
'서비스(service)'의 어원이 라틴어 'servus',
즉 '머슴이 제공하는 노동과 역할 수행'을 뜻한다면
정치는 곧 서비스다.

정치가 서비스라는 말은
정치를 시장논리로 환원하자는 뜻이 아니다.

정치를 베푸는 행위로 미화하자는 주장도 아니다.
그 말은 정치가 주권자인 국민에게 제공해야 할
환원 행위라는 뜻이다.

\#

이 책은 이재명이라는 거인의 어깨 위에서
주권이 위임되고 환원되는 정치를 관찰한 기록이며
그 관찰 끝에 도달한 하나의 결론에 대한 보고서다.

정치는 지배가 아니다.
정치는 호의도 아니다.
정치는 위임된 책임이 주권자에게
정확히 되돌아오는 과정이다.
그리고 그 과정을 끝까지 밀어붙이면
정치는 결국
쉬울 수밖에 없다.

\#

내가 말하고자 하는 '쉬운 정치'란
정치를 단순화하자는 주장이 아니다.

　　　　　　　쉬운 정치, 김남준

쉬운 정치는
주권이 더 이상 정치 안에 머무르지 않고,
위임된 책임이 주권자에게 되돌아오는 상태를 뜻한다.
이 책은 그 상태에 이르기까지
정치가 어떤 구조를 가져야 하는지를
차분히 추적한 기록이다.

14. 주권 불감증
— 누가 왜 주권의 순환을 가로막는가

#

우리는 분명 국민이 나라의 주인이라고 배웠다.

그러나 정치를 대할 때

스스로를 주인처럼 느껴본 적은 많지 않다.

선거 때는 선택하고, 투표소에서는 결정한다.

하지만 그 이후의 정치 앞에서는 이런 말이 자연스럽게 나온다.

"내가 주인이면 뭐 하나. 내가 주인인 게 맞나."

이 말은 냉소가 아니다. 체념이다.

그리고 체념은 감정이 아니라 증상이다.

#

문제는 태도가 아니다.

관심의 부족도 아니다.

주권은 분명 존재한다.

다만 제대로 돌아오지 않을 뿐이다.

주권은 선언으로 작동하지 않는다.
헌법에 적혀 있다고 힘을 갖지 않는다.
주권은 위임되고, 집행되고,
다시 국민에게 돌아올 때에만 비로소 체감된다.
오늘날의 정치는
이 마지막 단계에서 멈춰 서 있다.

#
주권은 흐름이다.
위임과 환원이 반복되는 순환이다.
이 순환이 작동할 때
국민은 정치를 '남의 일'이 아니라 '자기 일'로 인식한다.
반대로 이 순환이 막히면
국민은 여전히 주권자이지만
스스로를 주권자로 느끼지 못한다.

형식은 남고 감각은 사라진다.
이 상태를 나는 '주권 순환 장애'라고 부른다.
주권은 사라진 것이 아니라 중간에서 정체되어 있다.
선거를 통해 위임된 주권은
정치 과정 속으로 들어간 뒤 끝까지 돌아오지 않는다.

결정은 이루어지지만

그 결정이 누구의 판단인지,

어떤 위임의 연장선인지,

어디로 귀속되는지는 점점 보이지 않는다.

정치에 노폐물이 쌓인다는 말은

부정부패만을 뜻하지 않는다.

더 위험한 노폐물은 정당성이라는 이름으로 쌓여온 것들이다.

과도한 절차,

중첩된 제도,

불필요한 장치,

끝없이 늘어나는 설명.

하나하나만 보면 그럴듯한 이유가 있다.

문제를 막기 위해,

공정성을 확보하기 위해,

책임을 분명히 하기 위해 도입되었다고 말한다.

그러나 이것들이 누적되면서 정치는 점점 이해하기 어려워졌다.

정치가 이해되지 않는 순간, 주권은 흐르지 못한다.

정치의 복잡함 자체가 문제는 아니다.

문제가 복잡해졌으니

   쉬운 정치, 김남준

정치가 일정 정도 복잡해지는 것은 피할 수 없다.
문제는 어떤 복잡함인가다.
주권의 흐름을 돕는 복잡함이 아니라
책임을 분산시키는 복잡함이 쌓였다는 데 핵심이 있다.

정치는 점점 결정보다 설명이 많아지고,
환원보다 관리에 집중하게 되었다.
주권은 이해할 수 없을 때 행사될 수 없다.
정치가 복잡해질수록 국민은
결정의 주체가 아니라 설명의 대상이 된다.
주인이 객체가 되는 순간, 문제는 시작된다.
이것이 주권 순환 장애의 첫 번째 구조다.

\#
두 번째 구조는 책임의 희석이다.
정치가 복잡해질수록 결정의 주체는 나뉜다.
위원회, 협의체 등 절차가 늘어나고
그 결과 아무두 단독으로 책임지지 않는다.
책임의 분산으로 주권자인 국민은
그 결과가 누구의 판단이었는지 알기 어렵다.
주권은 책임의 얼굴을 잃을 때 결코 체감할 수 없게 된다.

#

세 번째 구조는 시간의 지연이다.

복잡한 정치는 결정을 늦춘다.

검토와 재검토가 반복되고, 환원은 계속 미뤄진다.

주권은 지연될수록 정치의 손에 머문다.

이때 정치인은 주권을 환원하는 위치가 아니라

주권을 관리하는 위치에 서게 된다.

#

이렇게 해서 주권은

위임되었으나 환원되지 않는 상태에 놓인다.

국민이 느끼는 감정은 분노보다 무력감이다.

분노는 대상을 향하지만, 무력감은 구조 앞에서 생긴다.

그래서 사람들은 말한다.

"내가 주인이면 뭐 하나."

#

주권 불감증은 민주주의의 실패가 아니다.

민주주의가 제 기능을 하지 못하고 있다는 신호다.

주권은 여전히 국민에게 있다.

매일 아침 올라오는 수많은 안건을 한 줄 한 줄 꼼꼼히 살핀다.
공직자의 작은 결정, 사소해 보이는 판단 하나가
국민의 삶에 얼마나 큰 영향을 미치는지 잘 알기 때문이다.

매일 아침 올라오는 수많은 안건을 한 줄 한 줄 꼼꼼히 살핀다.
공직자의 작은 결정, 사소해 보이는 판단 하나가
국민의 삶에 얼마나 큰 영향을 미치는지 잘 알기 때문이다.

그러나 그 주권은 정치의 중간에서 머물러 있다.
이 상태가 지속될수록 정치는
국민의 일이 아니라 정치인의 일이 된다.

#

이제 질문을 바꿔야 한다.
왜 국민이 정치에 무관심한가가 아니라
왜 정치가 주권이 돌아오는 경로를 막고 있는가를
물어야 한다.

그러나 정치는 이 질문에 답하지 않은 채
더 많은 장치와 더 많은 설명을 쌓아왔다.
이 복잡함이 단순한 실수나 무능이 아니라
일종의 통치 기술로 작동해온 것은 아닌지를 살펴야 한다.
그 구조를 이해해야만
주권을 다시 흐르게 만들 조건을 논의할 수 있다.

쉬운 정치, 김남준

15. 복잡한 정치
— 소수 기득권이 유지되는 통치 기술

\#

정치는 왜 이렇게 복잡해졌을까.

이 질문에 대한 답을 우리는 종종 이렇게 넘긴다.

"사회가 복잡해졌기 때문이다."

"문제가 어려워졌기 때문이다."

"전문성이 필요해졌기 때문이다."

이 말은 틀리지 않다. 그러나 충분하지도 않다.

정치의 복잡함은 문제의 난이도만큼만 증가하지 않았다.

그보다 훨씬 더 빠르게, 훨씬 더 체계적으로 축적되었다.

\#

복잡함은 중립적이지 않다.

어떤 방향의 복잡함은 누군가에게 유리하게 작동한다.

정치가 복잡해질수록

결정의 구조는 점점 소수에게 집중된다.
반대로 그 결정에 영향을 받는 다수는 과정에서 멀어진다.
이때 복잡함은 장애물이 아니라 기술이 된다.

\#

정치의 복잡함은 대체로 세 단계를 거쳐 축적된다.
첫 번째는 필연적 복잡함이다.
사회가 커지고, 문제가 얽히고, 이해관계가 다양해지면
정치는 어느 정도 복잡해질 수밖에 없다.
이 단계의 복잡함은 주권의 흐름을 막지 않는다.
오히려 주권이 다양한 현실을 통과하도록 돕는 역할을 한다.
문제는 여기서 멈추지 않는다는 데 있다.

\#

두 번째는 관성적 복잡함이다.
한번 만들어진 제도는 쉽게 사라지지 않는다.
기능이 약해져도, 문제가 해결되어도 제도는 남는다.
기존 제도 위에 새 제도가 덧붙여지고,
절차 위에 절차가 쌓인다.
이 과정에서 정치는 점점 무거워진다.

그러나 누구도 이 무게를 책임지지 않는다.

관성적 복잡함은 대개 악의에서 비롯되지 않는다.

다만 정리되지 않은 채 축적될 뿐이다.

\#

세 번째 단계에서 복잡함은 성격을 바꾼다.

전략적 복잡함이다.

정치가 복잡할수록 결정의 경로는 보이지 않게 된다.

보이지 않는 경로는 책임을 흐린다.

이때 복잡함은 우연의 산물이 아니라 유용한 도구가 된다.

누가 결정했는지,

왜 그렇게 되었는지,

어디에 책임이 있는지를 묻기 어려운 구조.

이 구조는 권력을 가진 쪽에 유리하게 작동한다.

사례 1 • 위원회는 늘 옳았지만 책임은 없었다

실제 정치현장에서 가장 자주 등장하는 장면이 있다.

결정이 필요할 때마다 위원회가 만들어진다.

위원회는 늘 신중하고, 늘 합리적인 언어를 사용한다.

토론은 기록되고, 절차는 충실히 지켜진다.

그러나 결정이 실패했을 때

누가 책임지는지는 분명하지 않다.

위원회는 결정을 내렸지만,

그 결정의 주체는 끝내 특정되지 않는다.

책임은 집단 속으로 흩어지고,

주권이 돌아갈 지점도 함께 사라진다.

위원회는 문제를 해결하기 위해 만들어졌지만,

결과적으로 주권의 귀속을 흐리는 장치가 되기도 한다.

복잡한 정치에서 권력은 노출되지 않는다.

권력은 설명 뒤에 숨는다.

정치는 점점 결정보다 설명이 많아지고,

결과보다 절차가 앞선다.

설명은 늘 존재하지만, 귀속은 불분명하다.

이 구조 속에서 국민은 주권자가 아니라 청취자가 된다.

사례 2 • 설명은 늘어났고 결정은 멀어졌다

어떤 정책이 발표될 때

국민은 점점 더 많은 설명을 듣게 된다.

100쪽이 넘는 자료,

수십 개의 보충 설명,

끝없이 이어지는 브리핑.

설명은 충분하다.

그러나 설명이 늘어날수록 정작 중요한 질문은 사라진다.

누가 이 결정을 내렸는가.
이 판단은 어디에서 위임된 것인가.
설명은 있었지만,
주권이 돌아오는 경로는 끝내 제시되지 않는다.

#

정치인이 머슴의 위치를 벗어나는 순간도
바로 이 지점이다.
정치인은 주권을 환원하는 역할에서
주권을 관리하는 역할로 이동한다.
관리에는 절차가 필요하고,
절차에는 전문성이 필요하며,
전문성은 외부의 접근을 차단한다.
그 결과 정치는 점점 닫힌 구조가 된다.

#

이때 주권은
'행사되는 권한'이 아니라 '보관된 권한'이 된다.
국민에게서 나왔지만, 국민에게 돌아오지 않는 권한.
정치의 언어로 포장된 채 정치의 내부에 머무는 권한.

주권은 여전히 국민의 것이지만
정치는 그것을 다시 돌려주지 않는다.

\#

복잡한 정치는 항상 이렇게 말한다.
"사안이 복잡하다."
"전문적인 판단이 필요하다."
"조금 더 지켜봐야 한다."
이 말들 자체는 틀리지 않다.
그러나 이 말들이 반복되는 동안
주권은 계속 정치의 손에 머문다.
복잡함은 결정을 미루는 가장 안전한 방법이고,
책임을 나누는 가장 효과적인 방식이다.

\#

중요한 점은 이것이다.
이 구조는 반드시 누군가의 악의에서 출발하지는 않는다.
그러나 일단 작동하기 시작하면
복잡함은 권력을 유지하는 방향으로 자기증식한다.
더 많은 절차, 더 많은 위원회, 더 많은 설명.

정치는 점점
국민의 언어가 아니라
정치의 언어로 말하기 시작한다.

\#

이때 정치가 잃는 것은 효율이 아니다.
속도도 아니다.
정치는 주권과의 연결을 잃는다.
주권자로부터 이탈하는 것이다.
주권은 이해할 수 있을 때 행사될 수 있고,
접근할 수 있을 때 작동할 수 있다.
그러나 전략적 복잡함은
이 두 가지를 동시에 차단한다.

\#

복잡함이 통치 기술이 되는 순간,
민주주의는 조용히 다른 얼굴을 갖는다.
형식은 그대로지만, 작동방식은 달라진다.
국민은 여전히 주권자이지만
주권은 정치의 내부에서만 순환한다.

　　　　　　　2부 · 주권의 환원

#

결론은 단순하다.

복잡함은 정치를 고도화시키기만 하는 장치가 아니다.

그것은 주권을 붙잡아두는 기술이 될 수 있다.

이 구조를 이해하지 못하면

우리는 정치가 왜 쉬워져야 하는지를 논의할 수 없다.

16. 본질에 집중하는 정치
— 주권 회복의 기술

\#

문제가 복잡해질수록 정치는
더 많은 설명을 내놓는다.
설명이 늘어나면 문제가 풀릴 것처럼 보인다.
그러나 실제로는 반대다.
설명이 많아질수록 문제의 핵심은 뒤로 밀린다.

\#

정치가 복잡해질수록 해결의 방향은
설명이 아니라 환원에 있다.
무엇이 문제인가가 아니라
무엇이 본질인가를 다시 묻는 일이다.

노자는 《도덕경》에서 이렇게 말했다.
대도지간(大道至簡).

"큰 도는 지극히 단순하다."
이 말은 세상을 단순하게 보라는 뜻이 아니다.
문제를 축소하라는 말도 아니다.
아무리 복잡해 보여도
끝내 놓쳐서는 안 될 핵심이 있다는 뜻이다.

\#

정치의 문제는 대개 여기서 시작된다.
정치는 문제를 해결하는 과정에서
문제를 둘러싼 조건들을 목적처럼 다루기 시작한다.
절차가 목적이 되고, 제도가 해답처럼 취급된다.
그러나 절차와 제도는 수단일 뿐이다.

목적은 분명하다.
주권이 어디에서 왔고, 어디로 돌아가야 하는가.
정치가 복잡해질수록 이 질문은 점점 뒤로 밀린다.
대신 이런 질문들이 앞에 선다.
합법적인가. 절차를 지켰는가. 전문가의 검토를 거쳤는가.
이 질문들은 필요하다.
그러나 이 질문들만 남고 주권의 질문이 사라질 때
정치는 방향을 잃는다.

#

본질에 집중한다는 것은
모든 것을 단순화하겠다는 뜻이 아니다.
본질에 집중한다는 것은
판단의 기준을 하나로 되돌리는 일이다.
정치의 모든 판단을 이 기준 앞에 세우는 것이다.
"이 결정은 주권의 위임에 근거하고 있는가."
"이 결과는 주권자에게 돌아가고 있는가."
이 질문에 답할 수 없다면
그 판단은 아무리 정교해도
정치적으로는 불완전하다.

#

정치가 어려워지는 이유는 문제가 많아서가 아니다.
문제를 판단하는 기준이 너무 많아졌기 때문이다.
기준이 많아질수록
판단은 느려지고, 책임은 흐려진다.
반대로 기준이 분명해지면
정치는 빠르게 단순해진다.
복잡함은 남아 있어도
방향은 흔들리지 않는다.

   2부 · 주권의 환원

#

본질에 집중하면 정치는 쉬워진다.
여기서 말하는 쉬움은 가볍다는 뜻이 아니다.
대충 하자는 말도 아니다.
쉬움이란
판단의 기준이 누구에게나 동일하게 적용되는 상태다.
주권자에게 설명할 수 있고,
주권자가 이해할 수 있으며,
주권자에게 책임이 귀속되는 상태.
이 조건이 갖춰질 때
정치는 쉬워질 수밖에 없다.

#

정치가 쉬워지는 순간, 약탈 권력은 줄어든다.
정확히 말하면
약탈 권력이 줄어드는 것이 아니라
약탈 권력이 숨을 공간을 잃는다.
본질에 집중한 정치는
결정의 이유를 숨길 수 없고, 귀속을 흐릴 수 없다.
복잡함은 본질을 피해 간다.

#

복잡함이 통치의 기술이라면
본질에의 집중은 주권 회복의 기술이다.
이 둘은 같이 갈 수 없다.
정치가 본질을 향할수록 복잡함은 설 자리를 잃고,
정치가 복잡함을 키울수록 본질은 밀려난다.

여기서 분명히 해야 한다.
본질에 집중하는 정치는 이념정치가 아니다.
도덕정치도 아니다.
그것은 기술의 문제다.
어떤 기준으로 결정을 내릴 것인가에 대한 기술적 선택이다.
이 선택의 결과는 분명하다.
정치가 본질에 집중할수록 정치는 쉬워질 수밖에 없다.
주권의 출발과 도착이 명확해지기 때문이다.

쉬움은
정지의 미덕이 아니라
주권 환원의 조건이다.

17. 주권 환원을 위한 최소 조건
― 쉬운 정치는 선택의 문제가 아니다

#

주권은 위임되는 순간보다

되돌아오는 순간에 비로소 완성된다.

정치의 성패는

얼마나 많은 정책을 만들었는지가 아니라

그 결과가 주권자에게 제대로 귀속되었는가에 달려 있다.

이 질문에 답하지 못하는 정치는

아무리 정교해 보여도 제대로 된 정치라고 말할 수 없다.

그렇다면 질문은 하나로 수렴된다.

주권이 제대로 환원되기 위해

정치는 무엇을 갖춰야 하는가.

여기서 중요한 점은

이 조건들이 가치나 이상이 아니라

작동 요건이라는 사실이다.

주권은 조건이 갖춰질 때에만 현실에서 작동한다.

#

첫 번째 조건은 이해 가능성이다.
주권은 이해할 수 없을 때 행사될 수 없다.
정치가 아무리 정당해도, 아무리 합법적이어도
그 과정과 결과를 주권자가 이해할 수 없다면
주권은 작동하지 않는다.
이해 가능성이란 설명이 많다는 뜻이 아니다.
핵심이 무엇인지,
누가 결정했는지,
왜 그렇게 되었는지가
분명히 보이는 상태다.

#

두 번째 조건은 접근 가능성이다.
주권은 접근할 수 없을 때 권한이 되지 못한다.
정치가 전문성과 절차라는 이름으로 접근을 차단할수록
주권은 정치집단이나 정치판 내부에 머무르게 된다.
접근 가능성이란
모든 시민이 전문가가 되어야 한다는 뜻이 아니다.
주권자가 정치의 결정 과정과 결과에 도달할 수 있는
열린 경로가 존재하는가의 문제다.

#

세 번째 조건은 귀속의 명확성이다.
주권은 제대로 귀속될 때 비로소 책임을 만든다.
결정이 있었고 결과가 발생했지만
그 판단이 누구의 위임에 근거했고
누가 책임지는지 알 수 없다면
주권은 환원되지 않는다.
귀속이 불분명한 정치는 설명은 남기고 책임은 지운다.

#

이 세 가지 조건은 서로 분리되지 않는다.
이해할 수 있어야 접근할 수 있고,
접근할 수 있어야 귀속을 물을 수 있다.
귀속이 명확할 때 비로소 주권은 다시 행사된다.
이 조건들이 갖춰질 때
정치는 자연스럽게 쉬워질 수밖에 없다.

여기서 말하는 쉬움은 친절함이 아니다.
단순화도 아니다.
쉬움이란
주권이 머무르지 않고 흐르도록 만드는 상태다.

주권자가 정치의 객체가 아니라 주체로 남아 있는 상태다.
그래서 쉬움은
선택의 문제가 아니다.

\#

정치를 어렵게 유지할 자유는 어느 누구에게도 없다.
주권을 위임받은 정치가
주권을 환원하지 못한다면
그 정치는 자신의 책무를 다하지 못한 것이다.

정치는 전문가의 소유물이 아니다.
정치는 관리의 대상도 아니다.
정치는 주권이 위임되고 다시 돌아오는 과정이다.
이 과정을 가로막는 모든 요소는
아무리 정교해 보여도 제거의 대상이다.

수권 환원의 조건을 끝까지 밀어붙이면
정치는 결국 쉬워질 수밖에 없다.
이해 가능하고, 접근 가능하며, 귀속이 명확한 정치는
불필요하게 복잡할 이유가 없다.
복잡함은 순환의 길목을 막는 요인을 만들 뿐이다.

  2부 • 주권의 환원

#

이제 남은 질문은 하나다.

이 조건을 현실의 정치에서 어떻게 구현할 것인가.

나는 이 질문에 이렇게 답하려고 한다.

이재명의 실용정치가 어디까지 왔는지,

그리고 그 위에서 '쉬운 정치'가

어떻게 다음 단계로 전개될 수 있는지를.

18. 정치서비스론
— 이재명의 실용정치와 쉬운 정치

\#

이재명의 정치를 가까이에서 바라보며
분명하게 드러난 것은
정치의 목적에 대한 태도였다.
그의 정치는
이념보다 결과를 묻고,
명분보다 해결을 중시했다.
정치는 무엇을 말했는지가 아니라
무엇을 바꾸었는가로 평가받아야 한다는 관점.
문제는 설명이 아니라 해결로 끝나야 한다는 태도.
이것이 이재명 실용정치의 출발점이었다.

\#

실용정치는 정치를 다시 현실의 자리로 돌려놓았다.
정치가 무엇을 주장하는가보다

정치가 무엇을 해냈는가가 판단의 기준이 되었다.

정치는 다시 결과에 책임지기 시작했고,

정치인의 언어는 성과로 검증되기 시작했다.

이 전환은 한국 정치에서 결코 가볍지 않은 의미를 갖는다.

쉬운 정치, 김남준

\#

그러나 실용정치는 도착지가 아니라 중간 지점에 가깝다.

결과 중심의 정치는 정치의 효율을 높였지만

주권이 어떻게 환원되는지까지를

구조로 드러내지는 못했다.

정치는 여전히 '잘해주는 것'으로 오해될 여지를 남겼고,

국민은 때때로 정치의 주체라기보다

성과를 전달받는 존재로 남았다.

이 지점에서 다음 질문이 등장한다.

"정치의 성과는 누구의 것인가?"

성과가 아무리 분명해도

그 결과가 주권자의 권한으로 되돌아오지 않는다면

정치는 완결되지 않는다.

정치는 잘 작동하는 것으로 충분하지 않다.

되돌아와야 한다.

#

이 책에서 수없이 강조했던 것처럼
정치에서 주인은 국민이다.
정치인은 주권의 주인이 아니다.
주권을 위임받아
집행하고 환원할 책무를 지닌 위치에 있을 뿐이다.

'머슴(servant)'이라는 규정은 겸손의 수사가 아니다.
정치의 구조를 정확히 설명하는 말이다.
'서비스(service)'의 어원이
머슴이 수행하는 역할과 노동을 뜻하는
'servus'에서 나왔다는 사실은
정치의 본질을 다시 한번 분명히 한다.

#

이 관점에 이르면 정치의 정의는 달라진다.
정치는 지배가 아니다.
설득도 아니다.
관리도 아니다.
정치는 위임된 주권을 주권자에게 되돌려주는 과정이다.
이 정치관을 나는 '정치서비스론'이라 부른다.

   2부 · 주권의 환원

#

정치서비스론에서 정치의 목적은 단순하다.
국민을 설득하는 것이 아니라
국민의 주권이 제대로 작동하도록 만드는 것.
정치의 성패는 얼마나 많은 정책을 만들었는지가 아니라
주권이 얼마나 정확하게 국민에게 귀속되었는가로 판단된다.

#

여기서 쉬운 정치가 모습을 드러낸다.
쉬운 정치는 정치서비스론의 구호가 아니다.
정치서비스론이 끝까지 밀어붙여졌을 때
자연스럽게 도달하는 정치의 상태다.

#

주권을 환원하려면 정치는 쉬워질 수밖에 없다.
이해할 수 있어야 하고,
접근할 수 있어야 하며,
책임의 귀속이 분명해야 한다.
이 조건이 갖춰지지 않는 한,
정치는 아무리 열심히 일해도 주권을 되돌려주지 못한다.

쉬운 정치, 김남준

#

이재명 실용정치는 이 흐름의 첫 번째 구현에 가깝다.
문제를 해결하고, 결과로 책임지는 정치.
그러나 쉬운 정치는 그다음 단계다.
주권이 어디에서 출발했고, 어디로 돌아가는지를
구조로 드러내는 정치.
정치가 주권의 경로 위에 다시 올라서는 순간이다.

#

쉬운 정치는
정치를 가볍게 만들지 않는다.
오히려 정치가 감당해야 할 책임을 더 분명하게 만든다.
정치인은 설명하는 사람이 아니라 환원하는 사람이 되고,
국민은 설득되는 존재가 아니라 주권자로 남는다.

#

정치서비스론은 정치인을 낮추는 이론이 아니다.
정치인을 제자리에 돌려놓는 이론이다.
권력을 가진 존재가 아니라
위임된 책임을 끝까지 집행해야 하는 존재로.

대통령을 보좌하며 세계 각국의 정상을 직접 만난 경험은
나의 시야를 넓혀준 소중한 기회였다.
한 – 튀르키예 정상회담에서
레제프 타이이프 에르도안 대통령과 악수를 나누는 모습.

#

내가 말하고자 하는 '쉬운 정치'란
정치를 단순화하자는 주장이 아니다.
정치를 주권이 머무르지 않고 되돌아가는 상태로
복원하자는 제안이다.
정치는 위임된 책임이 주권자에게
정확히 되돌아가는 과정이다.

이 과정을 끝까지 밀어붙이면
정치는 결국 쉬워질 수밖에 없다.
그 쉬움은 정치가 포기한 결과가 아니라
정치가 마침내 제자리를 찾았다는 신호가 될 것이다.

19. 정치의 태도
— 정치는 명사가 아니라 동사다

#

정치가 쉬워지기 시작하면
가장 먼저 변하는 것은 정치의 태도다.
정치는 더 이상 높은 곳에서 내려오지 않는다.
정치는 사람들 앞에 선다.

이때의 정치는 '버스킹(길거리 공연)'과 닮아 있다.
무대와 객석이 나뉘지 않고,
준비된 언어보다 현장의 반응에 더 민감한 정치.
숨지 않고,
피하지 않고,
주권자 앞에 그대로 서 있는 정치다.

#

정치가 쉬워질수록

정치는 점점 현장 속으로 들어간다.

책상 위 보고서 속 문제가 아니라 함께 겪는 문제가 되고,

방문하는 대상이 아니라 머무는 자리가 된다.

정치가 삶의 깊이로 들어오는 순간,

마침내 주권자는 정치에 '몰입'할 수 있게 된다.

\#

쉬운 정치는 일방적으로 전달되지 않는다.

말하고 끝나는 정치가 아니라 반응을 전제로 설계된 정치다.

질문이 오고, 응답이 돌아가며,

그 응답이 다시 결정으로 이어진다.

정치는 발표가 아니라 대화가 된다.

다시 말해 이 정치의 모습은 '상호작용'이다.

주권은 듣는 순간이 아니라

반영되는 순간에 비로소 행사된다.

\#

쉬운 정치는 감정으로 운영되지 않는다.

열정에 기대지 않고, 선의에만 맡기지 않는다.

역할은 분명하고, 책임은 구조로 관리된다.

누가 결정했고,
왜 그렇게 되었으며,
그 결과가 어디로 돌아가는지가 늘 추적 가능하다.
이 정치의 방식은 '매니지먼트'다.

#

버스킹, 몰입, 상호작용, 매니지먼트.
이 네 가지는 정치를 새롭게 꾸미기 위한 장식이 아니다.
정치서비스론이 현실에서 작동하기 시작할 때
자연스럽게 드러나는 정치의 얼굴들이다.

#

쉬운 정치는 한번 만들어놓고 지켜보는 정치가 아니다.
복잡해지려는 순간을 먼저 감지하고,
닫히려는 구조를 다시 열며,
머무르려는 권한을 주권자 쪽으로 밀어내는,
끊임없는 행동의 정치다.
정치는 명사가 아니라 동사다.

일정과 일정 사이 잠시 허기를 달래는 시간.
그러나 식탁에 앉아서도 대화의 주제는 자연스레 업무로 이어진다.
식사조차 하나의 회의가 되고,
휴식의 틈새에서도 다음 선택을 준비해야 한다.

ⓒ위성환

#

이제 남은 것은 말이 아니라 행동이다.
주권이 정치 안에 머무르지 못하도록
되돌아갈 길을 앞에서 여는 행동.
그리고 그 행동을 끝까지 해내겠다는 각오.

#

나는 정치를 잘하는 사람이 아니라
주권이 멈추려 할 때마다
다시 흐르게 만들기 위해
쉼 없이 움직이는 사람이 되고자 하는 것이다.

쉬운 정치는 어떻게 작동하는가

20. 정치의 언어는 왜 이렇게 복잡해졌는가

\#

정치 혐오, 정치 불신, 정치 무관심.
흔히 이것은 정치인의 태도와 밀접해 보이지만
진짜 문제는 언어에 있다.
대한민국 헌법 제1조를 보자.
"대한민국은 민주공화국이다."
이 한 문장은 놀라울 만큼 간결하고 명료하다.
그러나 실제 정치현장에서는 이 단순한 원칙이
수십 쪽에 달하는 법률, 조례, 행정규칙으로 팽창한다.
지방자치법만 보더라도 200여 개 조항에 부칙까지 포함하면
500쪽을 가볍게 넘는다.
헌법의 본질은 분명하다.
그러나 그것을 구현하는 제도와 언어는
한없이 복잡하다.

#

언제부터 정치언어가 이렇게 어려워졌을까.

1987년 민주화 이후

부패 방지, 공정성 확보, 책임 소재 명확화라는

정당한 명분 아래 법률과 규정이 폭발적으로 늘어났다.

좋은 의도였다.

그러나 전문용어로 가득한 이 조항들은

결국 국민의 이해를 가로막는 견고한 장벽이 되었다.

오늘날 보도자료 하나만 봐도

어려운 단어와 외래어가 넘쳐난다.

국민이 알아야 할 정책설명 자료는

수십, 수백 쪽에 달하는 난해한 문서가 되어버렸다.

#

뉴질랜드는 2022년 '알기 쉬운 언어법(Plain Language Act)'을

제정해 온라인과 오프라인의 모든 공공문서를

국민이 쉽게 이해하도록 의무화했다.

이 법은 명확하고 간결하며 잘 정리된 언어를 요구하는데

15~20 단어로 된 짧은 문장, 긍정 표현,

능동태, 일상어 사용, 전문용어 최소화 등

기준이 매우 구체적이다.

　　　　　쉬운 정치, 김남준

미국의 일부 주에서는
연방정부 문서를 쉽게 작성하도록 의무화해
민원 감소와 신뢰 제고를 달성했다.
노르웨이·스웨덴·남아프리카공화국 등 여러 나라가
쉬운 언어 사용을 법제화했으며,
호주·영국·캐나다 또한 정부 가이드라인을 수립해
정책자료 단순화와 쉬운 언어 사용을 권장하고 있다.

\#

이재명은 성남시장 시절부터 대외적 메시지를 작성할 때
"초등학교 3학년이 읽어도 이해할 수 있게끔 해야 한다"라고
줄곧 강조해왔다.
그는 단순하고 간결한 언어를 사용하며,
복잡한 정책과 경제논리도 늘 쉽게 풀어낸다.
보도자료 한 줄, SNS 메시지 한 문장에도 이 원칙을 적용한다.

\#

왜 쉬운 언어를 고집하는가.
이재명은 정치의 본질을
'주권을 국민에게 돌려주는 일'로 본다.

복잡한 언어는 주권을 정치권에 한정해 가두지만
쉬운 언어는 국민을 진짜 주체로 만든다.
멀게만 느껴지던 정치가
"나와 관련 있구나"로 바뀐다.
결정 과정이 보이고, 결과가 예측 가능해진다.
혐오가 관심으로, 무관심이 참여로 변한다.
정치가 국민의 언어로 돌아올 때
진정한 민주공화국이 된다.

　　　　　　　　쉬운 정치, 김남준

긴장을 풀 수 없는 나날의 연속이었다.
아침부터 밤까지 하루를 빈틈없이 채워 살았다.
계획된 일정만으로도 벅찬데, 늘 변수가 생기는 이 판의 특성상
한순간도 방심할 수 없었다.
그럼에도 멈출 수 없었고, 멈추지 않아야만 했다.

21. 결정과 책임을 분리할 때 정치는 어려워진다

\#

쉬운 정치는 의지의 문제가 아니다.
아무리 좋은 의도를 가진 정치인이라도
구조가 받쳐주지 않으면 정치는 다시 복잡해진다.
그래서 쉬운 정치는 선언으로 시작되지 않는다.
설계로 시작된다.

\#

결정과 책임을 분리할 때 정치는 어려워진다.
누가 결정했는지는 흐릿한데 결과만 남아 있을 때
정치는 설명을 요구받고, 설명은 길어지며, 책임은 흩어진다.
이 구조가 유지되는 한 정치는
아무리 친절해 보여도 결코 쉬워질 수 없다.

#

쉬운 정치의 첫 번째 설계 원칙은 결정권과 책임의 일치다.
누가 결정했는지 보이면
그 결정이 왜 나왔는지도 함께 드러난다.
결정의 주어가 분명할수록
설명은 줄어들고 언어는 짧아진다.
쉬운 언어는 여기서 나온다.

#

정치는 흔히 '합의의 산물'이라고 불린다.
그러나 현실에서 합의는 종종
책임을 분산시키는 기술로 사용된다.
모두가 참여했지만 아무도 책임지지 않는 구조.
이 구조는 안전해 보이지만 주권을 환원하지는 못한다.

#

쉬운 정치는 합의를 부정하지 않는다.
다만, 합의라는 이름으로 책임이 상실되는 구조를 경계한다.
합의 이후에도 누가 조정했고,
누가 최종 판단을 내렸으며,

그 판단이 어디까지 책임지는지가
구조로 남아 있어야 한다.

\#

앞서 말했듯 이재명은 공직자들에게 늘 강조한다.
"책임은 전부 내가 질 테니 마음 놓고 일하십시오.
상급자 눈치를 보거나
복잡한 관료 절차에 주저하지 말고
과감히 실행하십시오.
결국 정치란 국민의 삶을 바꾸는 일입니다.
모든 책임은 결정권자인 나에게 있으니
여러분은 현장에서 뛰어주십시오."

\#

두 번째 설계 원칙은 귀속의 명확성이다.
정치가 어렵게 느껴지는 이유는
결정이 어디로 돌아가는지 보이지 않기 때문이다.
정책은 실행되었는데
성과는 흐릿하고 실패는 공중에 남는다.
이때 국민은 정치에 참여할 이유를 잃는다.

　　　　　　쉬운 정치, 김남준

#

쉬운 정치는 결과가 주어를 찾아가도록 설계한다.
잘되면 누가 책임졌는지 보이고
잘못되면 누가 감당해야 하는지가 드러나는 구조.
이 구조는 정치를 위험하게 하지만
주권을 살아 있게 만든다.

#

국민에게 쉬운 정치는 정치인에게 위험하다.
이는 필연이다.
하지만 정치인 한 사람이 위험해지면
모든 이들이 편해진다.
이 위험을 기꺼이 짊어지는 것이 진정한 정치인의 자세다.

#

세 번째 설계 원칙은 접근 가능성이다.
정치는 열려 있다고 말하면서도
실제로는 접근하기 어렵게 설계된 경우가 많다.
절차는 복잡하고, 창구는 멀며, 시간은 맞지 않는다.
열려 있다는 말과 접근할 수 있다는 말은 하늘과 땅 차이다.

   3부 · 쉬운 정치는 어떻게 작동하는가

#

접근이 어려울수록
정치는 전문가의 영역이 되고
주권은 위임된 채로 머무른다.
쉬운 정치는
주권이 다시 움직일 수 있도록 접근 경로를 단순화한다.
문턱을 낮추는 것이 아니라
길을 분명히 만드는 것이다.

#

이재명에게 SNS는
주권자와 소통하는
가장 효과적인 창구였다.
시민들은 그의 글에 열광했고,
그는 물 만난 고기처럼
댓글에 하나하나 반응하며 진심으로 즐거워했다.
복잡한 공문서 대신 짧은 글 안에 핵심만 담아 전달했다.
시민이 댓글을 남기면 당일 답변,
문제를 제기하면 다음 날 현장 방문.
더 이상 정치가 멀지 않은
'나의' 일상이 되었다.

#

그는 시간 날 때마다 성남 탄천 산책로를 거닐며
시민 한 명 한 명의 이야기를 귀 기울여 들었다.
"시장님, 이게 문제예요"라는 고충부터
"잘하고 계세요"라는 칭찬까지.
SNS에서의 소통과 거리에서의 직접 만남을 통해
성남 시민들은
"우리 시장은 정말 내 말을 들어주는구나" 하며
점차 신뢰를 쌓아갔다.

#

쉬운 정치는 친절한 안내문으로 만들어지지 않는다.
결정의 흐름이 한눈에 보이도록 구조를 정리하는 정치다.
누구에게 가야 하는지, 어디서 멈추는지,
언제 결과가 나오는지가 예측 가능한 정치.
이 예측 가능성이 정치를 쉬워지게 만든다.

#

이재명의 행정에서 이 원칙들은
선언이 아닌 운영방식으로 나타났다.

대통령은 여전히 시민들과 만나며 가장 큰 에너지를 얻는다.
공식 일정이 아니더라도 시간을 쪼개 시장에 들르고,
지역 주민들과 마주하고 싶어 한다.
15년 전과 다름없이 먼저 말을 건네고, 함께 사진을 찍고,
손을 맞잡으며 악수를 나눈다.

©위성환

결정은 미뤄지지 않았고,
책임은 분산되지 않았으며,
설명은 결정 뒤에 붙었다.
그래서 그의 정치는
항상 공격받았지만 항상 분명했다.

\#

쉬운 정치는 갈등을 없애지 않는다.
오히려 갈등을 드러낸다.
결정이 보이는 정치에서는
반대도 분명해지고 책임도 분명해진다.
그 불편함을 감수하지 않으면
주권은 환원되지 않는다.

\#

정치는 사람이 아니라 시스템이다.
개인의 의지가 아니라 구조가 정치의 난이도를 정한다.
쉬운 정치는 정치인이 착해지는 게 아니라
책임을 숨길 수 없도록 설계된 정치다.

3부 · 쉬운 정치는 어떻게 작동하는가

22. 현장은 왜 쉬운 정치를 요구하는가

쉬운 정치, 김남준

\#

정치는 늘 현장에서 늦다.
회의실에서는 모든 것이 정리된 것처럼 보이지만
현장에서는 아무것도 정리되지 않은 상태로
문제가 먼저 닥친다.
현장은 정책이 도착하기 전에 이미 흔들리고,
결정이 내려오기 전에 이미 감당하고 있다.
그래서 현장에서는 정치가 복잡할 여유가 없다.

\#

현장에서 필요한 것은
정교한 설명이 아니라 즉각적인 판단이다.
지금 되는지, 안 되는지,
된다면 언제까지인지, 안 된다면 왜 안 되는지.
이 네 가지 중 하나라도 빠지면 현장은 멈춘다.

#

어떤 동네에서 횡단보도 설치를 요구하는 민원이 제기된다.

아이들이 학교에 가려면 차가 쌩쌩 달리는 도로를

위험하게 건너야 한다는 이유였다.

답변은 빠르게 돌아온다.

"관계 부서와 협의해 긍정적으로 검토하겠습니다."

형식적으로는 아무 문제가 없는 답변이다.

정중하고, 무례하지 않으며, 민원을 외면하지도 않는다.

그러나 그 말이 돌아온 순간부터

동네의 시간은 멈춘다.

언제 검토가 끝나는지,

누가 결정하는지,

결과가 언제 나오는지는 아무도 알 수 없다.

아이들은 다음 날도, 그다음 날도 같은 길을 건넌다.

이때 주민이 느끼는 감정은 분노가 아니다.

막막함이다.

#

회의는 많았지만 결정이 없는 경우도 마찬가지다.

아파트 단지 내 주차 문제를 해결하기 위한

　　　　　3부 · 쉬운 정치는 어떻게 작동하는가

입주자 회의가 열린다.

회의는 길었고, 의견은 다양했으며, 모두가 발언했다.

"다양한 의견이 나온 만큼 조금 더 논의해봅시다."

"추가 검토가 필요합니다."

"충분히 공감합니다."

회의는 원만하게 끝난다.

그러나 한 달 뒤, 주차 문제는 그대로다.

회의록은 남았지만 결정은 없다.

이때 사람들은 회의가 부족했다고 말하지 않는다.

결정이 없었다고 말한다.

#

이 두 장면에서 정치나 행정은 무례하지 않았다.

오히려 절차를 지켰고, 형식을 갖췄으며, 정중했다.

그럼에도 불구하고 사람들이 느낀 것은

'정치가 나를 지나쳤다'는 감각이다.

왜일까?

바로 결정이 없었기 때문이다.

#

현장이 정치에 분노하는 이유는
결과 때문이 아니라 지연 때문이다.
결정이 나지 않아서가 아니라
결정이 나지 않는 이유조차 알 수 없기 때문이다.
정치의 언어가 길어질수록
현장은 자기 판단으로 움직이기 시작한다.
그 순간부터 정치는 현장을 놓친다.

#

현장은 정치를 기다리지 않는다.
사람이 다치고,
갈등이 폭발하고,
불만이 쌓이는 속도는 설명보다 빠르다.
정치가 설명으로 시간을 버는 동안
현장은 결과로 시간을 잃는다.

#

그래서 현장은
쉬운 정치를 먼저 요구한다.

     3부 · 쉬운 정치는 어떻게 작동하는가

2025년 12월 25일 계양의 한 교회에서
성탄 예배를 드린 뒤 성도들과 함께 한 점심 식사.
마치 고향에 돌아온 듯 정겹고 편안한 시간이었다.

쉽다는 말은 가볍다는 뜻이 아니다.
현장에서의 '쉬움'은 결정의 속도이고,
책임의 분명함이며,
다음 행동을 예측할 수 있다는 뜻이다.

\#

현장은 정치의 의도를 묻지 않는다.
"왜 그렇게 생각했는가"보다
"그래서 무엇을 할 것인가"를 묻는다.
정책의 취지보다 집행의 방향이 중요하고,
비전보다 오늘의 선택이 중요하다.
현장이 묻는 질문은 언제나 단순하다.

\#

쉬운 정치는 현장을 낭만화하지 않는다.
현장은 선하지도, 합리적이지도 않다.
그러나 현장은 정직하다.
문제가 있으면 바로 드러나고,
결정이 늦으면 즉시 표가 난다.
현장은 정치의 결과를 숨길 수 없는 공간이다.

    3부 · 쉬운 정치는 어떻게 작동하는가

#

그래서 현장은 정치를 단련시킨다.
말이 길어질수록 문제는 더 커지고,
결정이 미뤄질수록 책임은 더 시급해진다.
현장은 정치가 피하고 싶은 질문을 끝까지 붙잡는다.

#

현장에서 쉬운 정치가 요구되는 또 하나의 이유는
정치가 여러 영역을 동시에 건드리기 때문이다.
주거, 교통, 복지, 안전.
현장에서는 이것들이 분리되지 않는다.
하나의 결정이 여러 삶을 동시에 흔든다.
그래서 한 분야만 설명하는 정치는
현장에서 작동하지 않는다.

#

이재명은 성남시장과 경기도지사 시절
이 구조를 정면 돌파했다.
안 되는 건 안 된다고 딱 잘라 말했다.
유권자의 눈치를 보며 공수표를 뿌리는

     쉬운 정치, 김남준

보통 정치인과 확연히 다른 행보다.

민원인이 동네 횡단보도 설치를 요구하면
"관계 부서와 협의해 검토하겠다"라는
형식적 답변 대신
"예산이 없으니 올해는 어렵다.
내년에 반영할 수 있는지 알아보겠다"라고
구체적으로 답한다.
때로는 "불가능하다"라고 단호히 선을 긋기도 했다.

직설적인 태도를 우려하는 목소리도 많았다.
그러나 결과는 달랐다.
시민들은 오히려 그를 신뢰했다.
결정의 주어가 분명하고,
책임의 귀속이 선명해졌기 때문이다.

#

현장이 원하는 정치는 '완벽한 해답'이 아니다.
다음 선택으로 이어질 수 있는 판단이다.
지금의 결정이 어디까지 책임지는지 알 수 있는 정치다.
그 정치가 현장에서는 '쉬운 정치'로 인식된다.

#

정치가 현장을 두려워하는 이유는
현장이 정치의 민낯을 드러내기 때문이다.
현장에서는 프레임이 작동하지 않고,
이미지도 오래 버티지 못한다.
말은 곧바로 결과로 검증된다.

#

그래서 쉬운 정치는 항상 현장에서 먼저 등장한다.
정치가 쉬워진다는 것은
정치가 현장으로 내려온다는 뜻이 아니라
현장의 질문을 정치가 끝까지 따라간다는 뜻이다.

#

현장은 정치를 이해하려 하지 않는다.
정치가 현장을 이해하기를 요구한다.
이 요구에 응답하지 못하는 정치는
아무리 정교해 보여도 현장에서 살아남지 못한다.

 쉬운 정치, 김남준

\#

쉬운 정치는 현장에서 검증된다.
설계가 언어로 증명되고,
언어가 행동으로 이어질 때
현장은 정치를 받아들인다.

23. 쉬운 정치는 왜 공격받는가

\#

주권이 정체되어 멈춰 있어도
정치는 멈춘 것처럼 보이지 않는다.
오히려 무언가 계속 일하고 있는 것처럼 보인다.
회의를 열고, 절차를 만들고, 설명을 덧붙이며,
끊임없이 무언가를 쌓아 올린다.
겉으로 보면 정치는 움직이고 있다.
그러나 그 움직임 속에서 주권은 흐르지 않는다.

\#

권력의 입장에서 보면
이 축적은 대단히 효과적인 안정화 수법이다.
결정이 미뤄질수록, 책임이 흩어질수록,
언어가 어려워질수록 권력은 편안해진다.
그래서 주권이 멈추는 이유는

정치가 아무것도 하지 않아서가 아니라
정치가 너무 많은 것을 쌓아 올렸기 때문이다.
결정이 없어서가 아니라
결정을 가로막는 정치 부산물이 쌓였기 때문이다.

쉬운 정치는 새로운 것을 더하는 정치가 아니다.
쌓인 것을 치워내는 정치다.
그래서 권력은 쉬운 정치를 불편해한다.

#

가장 먼저 문제되는 것은 결정 유예다.
정치에는 숙의를 위한 유예가 필요하다.
때로는 즉각적인 결정이 오히려 위험할 수도 있다.
문제는 유예가 숙의를 위한 시간이 아니라
결정을 피하기 위한 공간으로 변질될 때 발생한다.

"검토하겠습니다."
"논의가 더 필요합니다."
"신중하게 접근하겠습니다."

이 말들에 언제까지 검토하는지, 누가 책임지는지,

    3부 · 쉬운 정치는 어떻게 작동하는가

어떤 기준으로 판단하는지가 함께 제시되지 않을 때
유예는 숙의가 아니라 정체가 된다.
그리고 주권자는 예측할 수 없는 기다림 속에 머무르게 된다.

\#

쉬운 정치는 숙의를 거부하지 않는다.
다만 유예에 끝과 책임을 요구한다.
언제까지 숙의할 것인지,
누가 그 결과를 감당할 것인지,
그 판단이 어디로 돌아가는지를
분명히 하자는 것이다.
이 단순한 요구가 권력을 불편하게 만든다.

\#

두 번째로 문제되는 정치 부산물은
책임 분산이다.
위원회, 협의체, 공동명의.
이 구조들은 책임을 나누기 위해 만들어졌지만
종종 책임을 사라지게 만든다.
모두가 관여했지만 아무도 결정하지 않은 상태.

쉬운 정치는 이 상태를 용납하지 않는다.
누가 조정했고,
누가 결정했고,
누가 책임지는지를 드러낸다.
그래서 공격받는다.

\#

세 번째로 문제되는 정치 부산물은
전문성이라는 이름으로 쌓인 장막이다.
정치에는 전문지식이 필요하다.
이 점은 부정할 수 없다.
문제는 전문지식 그 자체가 아니라
전문성이 대중의 시각을 덮는 방식으로 사용될 때 발생한다.

\#

전문지식은 해법을 정교하게 만들기 위해 보태져야 한다.
그러나 현실의 정치에서는 전문성이 종종
출발점이 아니라 차단막으로 작동한다.
대중이 느끼는 문제의식은 충분히 설명되지 않은 채
"복잡해서 그럴 수밖에 없다",

   3부 • 쉬운 정치는 어떻게 작동하는가

"전문가의 영역이다"라는 말로 가려진다.
이 순간, 문제의 주도권은
대중에게서 전문가 집단으로 이동하고,
주권은 위임된 그 상태 그대로 멈춰 서게 된다.

\#

쉬운 정치는 전문성을 거부하지 않는다.
다만 전문지식이 대중의 시각 위에 덧붙여지도록 요구한다.
전문성은 문제를 가리는 언어가 아니라
문제를 풀기 위한 도구여야 한다.

\#

쉬운 정치는 묻는다.
이 결정은 무결한가가 아니라
대중의 시각에서 이해 가능한가.
이 질문은 전문가에게는 불편하다.
그러나 이 불편함을 견디지 못하면
전문성은 주권을 돕는 힘이 아니라
주권을 가두는 장막이 된다.

 쉬운 정치, 김남준

#

네 번째로 쌓이는 것은 절차 과잉이다.

절차는 결정을 돕기 위해 존재한다.

그러나 절차가 결정을 대신하는 순간,

순환은 멈춘다.

쉬운 정치는 과정을 줄이자는 것이 아니라

과정이 결정을 가리지 못하게 하자는 것이다.

이 역시 권력의 안정 상태를 흔든다.

#

마지막으로 쌓이는 정치 부산물은

정치 혐오다.

정치를 더럽고 복잡한 것으로 만들수록

대중들은 멀어진다.

그리고 그 멀어진 거리만큼

권력은 소수 기득권 세력에게 사유화된다.

쉬운 정치는 이 혐오를 치운다.

정치를 다시 '나의' 일로 느끼게 만들기 때문이다.

　　　

#

그렇기에 쉬운 정치는 늘 공격받는다.
기존 질서를 무시하거나 새로 주장해서가 아니다.
그 정치가 틀려서가 아니다.
권력이 더 이상 편안할 수 없기 때문이다.
오랜 시간 기득권이 쌓아온 두터운 안전장치를
걷어내기 때문이다.
치워지는 것들은 언제나
누군가에게 비정상적으로 유리한 구조였다.

#

구태가 무너지면 기득권은 불편해지고,
책임을 져야 하며, 직격탄을 맞게 된다.
포퓰리즘이라는 악의적 프레임,
절차 무시라는 비난,
무책임하다는 공격.
이 모든 것이 그들의 안전장치를 지키려는 저항이다.

#

쉬운 정치는 결코 '안전한' 정치가 아니다.

 쉬운 정치, 김남준

12·3 비상계엄 이후 민주당 의원과 보좌진,
당직자들은 낮에는 맡은 업무를 수행하고
밤이면 집회 현장으로 향했다.
언제 끝날지 가늠할 수 없는 시간이 이어졌다.
몸과 마음이 지쳐갔지만 한겨울 추위 속에
거리로 나선 국민들을 보며 다시금 마음을 다잡았다.

©위성환

하지만 주권을 다시 흐르게 하는 진짜 정치다.

주권은 막힌 장애물을 치울 때

자연스럽게 다시 흐른다.

외면하고 싶은 불편함이야말로

정치의 본질을 되찾는 첫걸음이다.

쉬운 정치, 김남준

24. 나는 쉬운 정치를 선택한다

\#

'쉽다'라는 말은 대개 '만만하다'라는 뜻으로 쓰인다.
상대를 낮춰 보거나, 노력이 필요 없다고 판단할 때
우리는 무심코 '쉽다'라는 말을 꺼낸다.
그 말 속에는 서열의 감각이 섞여 있다.

\#

정치를 서열의 세계로 이해할 때
'쉽다'라는 말은 기피할 언어가 된다.
약해 보이고, 가벼워 보이며,
지배하기 쉬워 보이기 때문이다.
이 관섬에서 복잡함은 우월힘의 표시기 된다.

그러나 정치를 주권 대행의 체제로 이해할 때
'쉽다'라는 말은 전혀 다른 의미를 갖는다.

주권자가 이해할 수 있고, 판단할 수 있으며,
그 결과를 되돌려받을 수 있는 상태.
이때의 '쉽다'는 비하가 아니라 찬사다.

#
문제를 어렵게 만드는 일은 누구나 할 수 있다.
그러나 복잡한 문제를 쉽게 풀어내는 일은
아무나 할 수 없다.
어려운 것을 쉽게 설명할 수 있다는 것은
그 문제를 충분히 통과했다는 뜻이다.

정치도 마찬가지다.
정치를 쉽게 말할 수 있다는 것은
정치를 가볍게 여긴다는 뜻이 아니다.
오히려 그만큼 깊이 들어갔고,
그만큼 많은 책임을 감당했다는 뜻이다.
그래서 쉬운 정치는 결코 쉬운 선택이 아니다.
정치를 쉽게 만들기 위해서는
정치를 어렵게 만들어온 여러 장치들과
정면으로 마주해야 하기 때문이다.

쉬운 정치, 김남준

2025년 11월 1일 경주에서 열린 한-중 정상회담은
지체되었던 한중 관계를 전면적으로 회복하는 전환점이 되었다.
이날 시진핑 중국 국가주석은
대한민국을 "이사 갈 수 없는 중요하고 가까운 이웃이자
떼려야 뗄 수 없는 협력 동반자"라고 평가했다.

지방정부와 광역단체, 국회와 정당 그리고 중앙정부까지.
이 모든 영역에서의 경험은 무엇과도 바꿀 수 없는 귀한 자산이 되었다.
제도 바깥에서 상상하던 정치와 안에서 마주한 현실은 분명 달랐지만
그 차이마저 나에겐 배움이었다.

ⓒ위성환

#

쉬운 정치를 선택한다는 것은

정책 하나를 고르는 일이 아니다.

정치를 대하는 태도를 선택하는 일이다.

숨을 것인가, 드러낼 것인가.

미룰 것인가, 감당할 것인가.

이 선택은 정치인에게 유리하지 않다.

쉬운 정치에서는 결정의 주어가 분명해지고,

책임의 귀속이 선명해진다.

실패를 구조 뒤에 숨길 수 없고,

설명으로 시간을 벌 수도 없다.

그래서 쉬운 정치는 언제나 위험하다.

그럼에도 이 선택을 피할 수 없는 이유는 명확하다.

정치의 목적은 권력을 유지하는 데 있지 않고,

주권을 흐르게 하는 데 있기 때문이다.

#

주권이 멈추는 이유는 국민이 무관심해서가 아니다.

정치가 주권이 흘러야 할 길을 막아왔기 때문이다.

복잡함이라는 이름으로,
전문성이라는 장막으로,
절차와 유예라는 완충재로.

쉬운 정치는 이 막힌 것들을 치워내는 선택이다.
이 선택은 인기 있는 길이 아니다.
결정이 빠를수록 반대도 빠르고,
드러날수록 공격도 거세진다.

그러나 정치를 그 두려움에 맡기는 순간,
주권은 다시 멈춘다.

#

이재명의 정치가 늘 논쟁의 한가운데 있었던 이유도
여기에 있다.
그의 정치가 항상 옳았기 때문이 아니라
항상 선택했기 때문이다.
미루지 않았고, 결정의 주어를 스스로 감당했다.
그 선택은 언제나 안전하지 않았다.

\#

쉬운 정치를 선택한다는 것은
완벽하겠다는 선언이 아니다.
오히려 틀릴 수 있음을 기꺼이 감수하겠다는 뜻이다.
숨기지 않고 드러낼 때
비로소 수정과 개선이 가능하다.

실패가 가려진 정치는 그대로 반복된다.
실패가 투명하게 드러나는 정치만이 살아 숨 쉴 수 있다.
주권자의 비판을 받고 바로잡는 과정에서
더 나은 정치가 탄생한다.

그래서 나는 쉬운 정치를 선택한다.

정치를 잘하는 사람이 아니라
주권이 막히려 할 때마다
다시 흐르게 만드는 사람으로 남기 위함이다.
비록 이 길이 상당히 위험하고 고될지라도.

에필로그

정치인은 무언가를 마음대로 할 수 있는
힘센 사람이 아닌,
국민이 가진 주권의 일부를
잠시 위임받아 대신 행사하는 사람입니다.
그래서 늘 능력보다 태도를 먼저 묻게 됩니다.
얼마나 많은 것을 할 수 있는지,
얼마나 큰 성과를 내는지보다
얼마나 신중하게, 얼마나 겸손하게
그 권한을 다루는지가
더 중요하다고 믿기 때문입니다.

정치는
주권이 정치인에게 머무는 시간이 아니라
다시 주권자에게 돌아가는 과정입니다.
정치가 제 역할을 다하고 있는지는
그 권력이 성실하게 국민에게 되돌아가고 있는지를 통해

판단되어야 합니다.

그 과정에서 정치인은
앞에서 방향을 정해 끌고 가는 것이 아닌,
옆에서 발맞춰 걸으며
힘을 모아 막힌 길을 함께 뚫어내는
사람이어야 합니다.

정치는 혼자 앞서 달릴수록 멀어지고,
함께 걸을수록 가까워집니다.
저는 국민의 삶에서 정치가 멀어지지 않기를
간절히 바랍니다.

어려운 말로 포장된 것이 아닌
일상의 언어로 설명할 수 있는,
속도보다 방향을 먼저 생각하고,
목소리 큰 사람이 아니라
작은 목소리에도 귀 기울이며,
숫자로 환산되지 않는 고단함을
가벼이 여기지 않는 정치.
비록 시간이 걸리더라도
그런 정치를 해야 한다고 생각합니다.

   쉬운 정치, 김남준

이 책을 통해 정치를 어떻게 바꾸겠다는 말보다
정치를 어떻게 다뤄야 하는지를 말하고자 했습니다.
권한을 갖기 위해서가 아니라
권한이 어떻게 쓰여야 하는지를 보여주고 싶었습니다.
정치가 주권자인 국민의 삶에
어떤 역할을 해야 하는지를 분명히 하고 싶었습니다.

어떤 자리에 있었는지가 아닌,
어떤 순간에 무엇을 지키려 했는지를
오롯이 남기고 싶습니다.
이 책이 김남준이라는 이름을 설명하는 글이라면
그 설명은 능력보다 태도에 관한 것이기를 바랍니다.

완벽한 정치를 하겠다고 말할 수는 없습니다.
다만 주권자의 곁에서 주어진 책임을 끝까지 다하는
정치인이 되고자 합니다.

이 책은 그 다짐을 담아낸 서툰 기록입니다.

 에필로그

쉬운 정치, 김남준

1판 1쇄 펴낸날 | 2026년 2월 27일

지은이 김남준
펴낸이 오연호
편집장 서정은 마케팅·관리 이재은

펴낸곳 오마이북
등록 제2010-000094호 2010년 3월 29일
주소 서울시 마포구 월드컵로14길 42-5 (04003)
전화 02-733-5505(내선 271) 팩스 02-3142-5078
홈페이지 book.ohmynews.com 이메일 book@ohmynews.com
페이스북 www.facebook.com/Omybook

책임편집 서정은
교정교열 배영하
디자인 여상우
제작 피오디북 황인성

ⓒ 김남준, 2026

ISBN 978-89-97780-64-8 03340

오마이북은 오마이뉴스에서 만드는 책입니다.